自分の声をチカラにする

ウォルピスカーター

まず初めに、こちらの動画をご覧ください。
著者が動画投稿を始めた２０１２年当時と、
現在の２０２１年に同じ曲を歌唱した動画です。

本書では、独学で１オクターブ半の
音域を拡げることに成功した
歌い手・ウォルピスカーターが導き出した、
声の仕組みと磨き方のすべてを紹介します。

歌唱曲：「天ノ弱」（作詞・作曲：１６４）

2012年

2021年

はじめに

本書を手に取っていただきありがとうございます。

〝歌い手〟のウォルピスカーターです。

歌手活動（高い声）、ラジオパーソナリティ（高い声）、「歌ってみた」の動画投稿（高い声）などをして生きています。

ふざけた名前かと思われるでしょうが、こんな名前でもう10年近く活動しています。まあまあのキャリアですね。

この本では「高い声を趣味と仕事にしている人間」のことや自分なりの声についての理論を、僕の実体験やこびりついた偏見を添えて書かせていただきました。

将来歌手になりたい人。「歌ってみた」を始めてみたい人。高い声を出せるようになりたい人。変な名前で思わず手に取ってしまった人。そんな人達に楽しんでいただけると幸いです。もちろんこれらに当てはまらなくても、楽しんでいただけると思います。ぜひ最後まで読んでいってくださいね。

まず初めに〝歌い手〟とは何か、というお話をさせてください。歌手とは違うの？　年収は？　身長は？

……歌い手とは、YouTubeやニコニコ動画に歌のカバー動画（一般的に「歌ってみた」と言われています）を投稿している人を指します。

言うなれば、趣味で歌のレコーディングをしている人達のことです。

趣味でやっていることなので当然アマチュアという扱いなのですが、最近では「歌ってみた」が評価されたことをきっかけにメジャーデビューする、ということも増えてきています。すごいね。

かくいう僕もその口で、歌い手として活動していたら気がつくとメジャーデビューしていました。こんな名前なのに。

名前も変ですが、活動スタイルも変なのがウォルピスカーターです。

僕は「高音出したい系男子」というジャンルを自称し、日夜ハイトーンボイスでレコーディングをしています。なにそれ。

世にハイトーンボイスの有名シンガーはたくさんいますが、僕は読んで字の如く「ハイトーンを出したいだけで出ているとは言っていません！」というスタンスなので、厳密にはジャンルが違います。僕以外にこのジャンルには人がいないので独占状態です。言ったもん勝ちです。違うったら違うの。うるさいぞ！

「高音出したい系男子」を自称しているだけあって、高い声を出したいという欲求はとどまるところを知りません。元々高い声が出なかったのも相まって、それはもはやライフワークと化しています。

本書ではこれらの内容にもフォーカスしています。取材の際、高音についての話に熱が入りすぎてライターさんが付いてこられていない瞬間が結構ありました。すみませんでした。

そんな〝高音狂い〟の僕ですが、こうなってしまったのには原因があります。

それはニコニコ動画に投稿されていた超ハイトーンの「歌ってみた」動画。人間の限界を超えたようなハイトーンをアマチュアが出している。それを知ってしまったときに「人間に不可能はないんだ」「僕も限界を超えてみたい」と心が大きく震えたことを今でもよく覚えています。

現在の僕の音域は大体3オクターブ半くらいですが、歌を始めた当初は2オクターブが関の山でした。

約3年半かかりましたが、1オクターブ半も最高音を上げることができました。人間に不可能はありません。限界は超えられます。皆やらないだけで誰しもその可能性を秘めています。ただ、膨大な時間ととてつもない努力が必要なだけです。誰でも簡単すぐにできるよ！なんて甘い言葉は使えません。本当につらくて苦しいです。普通のキーで歌いてぇ〜！

ですが、高い声が出た瞬間。歌えなかった曲が歌えるようになった瞬間。これらの快感は何事にも勝るものです。本当に気持ちが良すぎる。

こんなに気持ちが良いことを知ってしまったらもう戻れません。

みなさんも味わってみたくないですか？　こっちへおいで。大丈夫。怖くないよ。

と、ひとしきり勧誘が済んだところで、どうして僕がエッセイを出すことになったのかをお話ししたいと思います。

本書はKADOKAWA様から出版させていただいているのですが、編集さんに「エッセイを出しませんか?」という提案を受けた際、僕は「売れないと思いますが、それでもいいなら」というお返事をしました。クソかな?

歌い手のエッセイなんて誰が読むんだ? 素直にそう思ったからです。そう思うでしょ? ここまで読んでくれてありがとう。

「声がテーマの唯一無二のおもしろいものができます! 一緒に作りましょう!」と、熱く語ってくれた編集さんと会話を重ねるうちに「エッセイを通じて『高音を出したい!』と思う人を増やせるかもしれない」という打算が膨らんでいき、改めて僕のほうから「ぜひやらせてください」と頭を下げてお願いしました。僕は全人類がハイトーンを出してほしいと思っています。マジで。

ちなみに、本編はプロのライターさんの協力を得ながら、読者に伝わりやすいように意識して書いています。しかし、この『はじめに』の原稿は僕の心の底からのメッセージを綴りました。

初めて文章を書いてみて、今すごく楽しいと感じています。自分の中にある漠然としたイメージや想いを、一文字一文字探し選びながらこの世に刻んでいく。そしてそれを読んでくれる人がいる。自分という空間が読者を通じて無限に広がっていくような、何とも言えない開放感と繋がりを感じています。

みなさんがここまでの乱文からそれらを感じ取ってくれたら嬉しいです。

そして願わくは、この本を読んで、歌手を目指したり、「歌ってみた」を始めたり、高い声を出したくなったり、ウォルピスカーターに興味を持ったり、何か新しいことへのきっかけになってくれればこれ以上の幸せはありません。

それでは本編をお楽しみください。

ウォルピスカーター

自分の声をチカラにする　目次

2章　歌うために必要な知識

――自分の声を表現する

3章　趣味が仕事になるとき

――自分の声の可能性

4章 1オクターブ上の世界へ

——自分の声の居場所

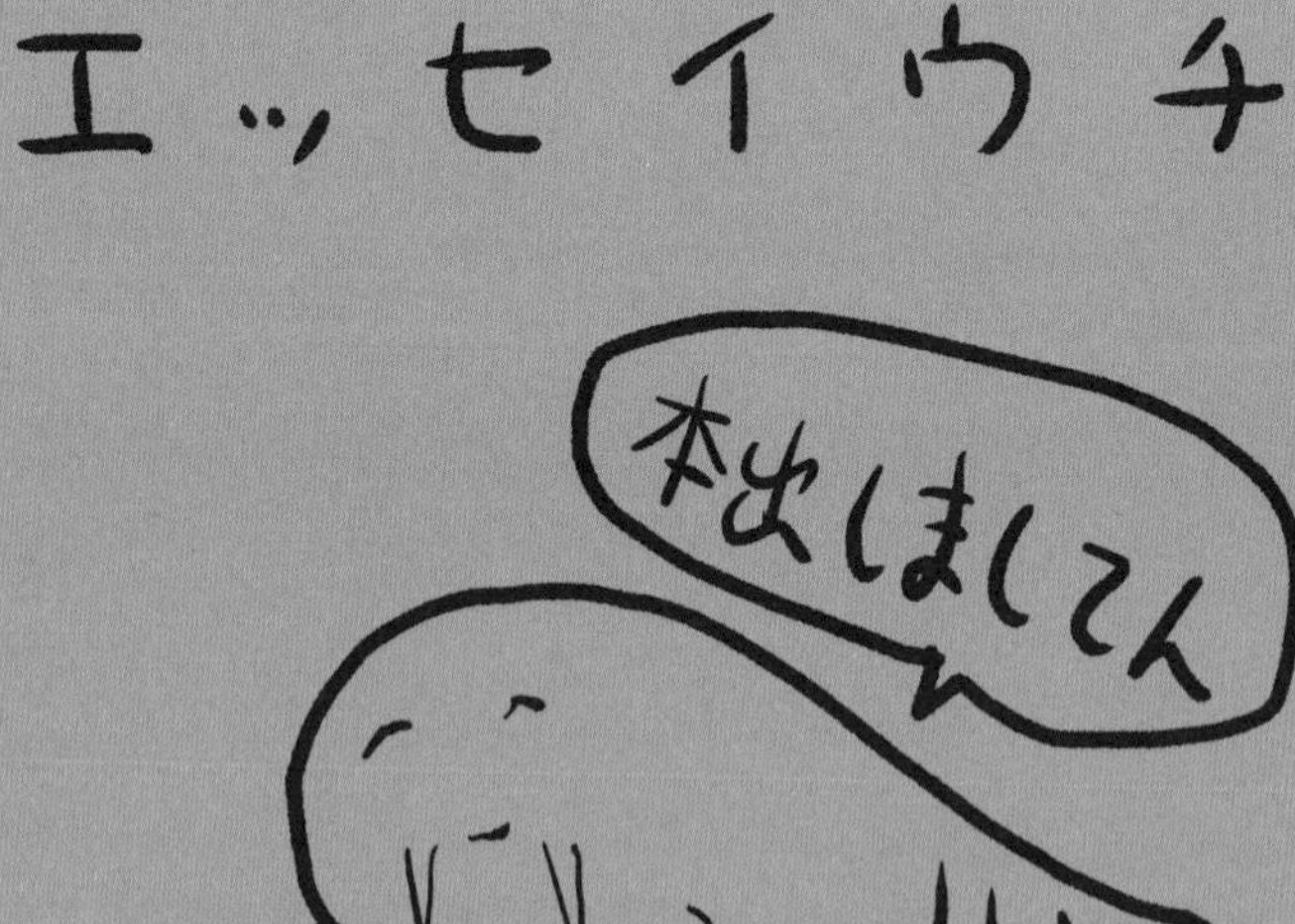

著者の描き下ろしイラスト：絵が下手すぎる彼は最後まで描き下ろしに抵抗していたことをここに記す

1章　高音出したい系男子の誕生
──自分の声を認識する

CHAPTER 1
THE ORIGIN OF THE BOY KEEN TO SING HIGH NOTES
RECOGNIZE YOUR OWN VOICE

歌の定義を正しく理解する

歌という形のないものを人に教えるのは難しい。僕も歌を仕事にしているけど、どこか感覚的だったり自分だけに通用する理論を試行錯誤しながら見つけてきた。それは、世の中にあるボイトレ法が自分にまったくと言っていいほど理解できなかったからなのだが、今となっては自分なりの答えを見つけられて良かったと思っている。

高音を出したいと思ったときに、とあるボイトレ本を読んだときには分からなすぎて30Pから先に進めなくなったことがある。世の中のボイトレ法に自分の声を否定されたような気持ちになったこともある。そんな人間が、歌をどんなふうに解釈しているのかをお見せしよう。

歌手になるのは険しい道だった

僕は中学生の頃、音楽の授業で先生に「いい声をしているね」と言われたことをきっかけに、歌手を本気で目指していた。大人から褒められると、今までわからなかった自分の魅力に気がつくことができるので、当時の先生にはとても感謝している。

高校へ進学するときには軽音楽部のある学校なこと、そして知り合いが誰一人としていない高校、という2つの条件だけで進学先を決めた。「僕の夢は歌手になることだ」とそれまでの僕を知っている人に知られるのが恥ずかしかったからだ。「そんなこと今まで言ったことなかったじゃん」なんて笑われたら、こっちだって苦笑いを返すのが精いっぱいだろう。であれば、僕のことを誰も知らない環境に行って「昔から歌手を目指してましたけど？」くらいの印象を持ってもらえるほうが楽だと思ったのだ。

しかし、実際に軽音楽部に入ってみると僕よりも歌が上手な人が、信じられないくらいたくさんいるではないか。同級生を見ても、先輩を見ても明らかに仕上がっている。しかも、その誰もが「歌手になりたい」とは言わない。みんな趣味で歌っているにもかかわらず、僕よりも上手い。……なんてことだ。こんな人たちに、歌が上手くもない自分が敵うわけがないと、あっという間に自信を失ってしまった。

それでも、しばらくのうちは歌手になるための手順を調べたこともあった。人前で自分の歌を披露するためには、ライブ会場を借りるか、路上で歌うのが一般的。でも、ライブ会場に行って一般人の歌を聴きたいと思う人なんているわけもなく、実際はライブチケットを自分で買い取って歌わせてもらうのが精いっぱい。ステージで一回歌うためだけに、3万円のチケット代を自分で払うことが僕にはできなかった。

じゃあ、お金がかからない路上で歌うのはどうかと考えてみたけど、それも僕にとってはハードルが高くて簡単にできることではなかった。一生懸命路上で歌っている人の前を、たくさんの人が何事もなかったかのように通り過ぎていく風景を見たことがあるからかもしれない。自分がそんな経験をすると思ったら、僕のメンタルが崩壊してしまう。

有名アーティストが売れるきっかけになった話をネットで検索したこともあった。すると、路上ライブで合計何千人も集めたなんて紹介されている人もいる。そこまで実力がないと歌手にはなれないのかと思ったら、歌手になるなんて現実的じゃないと悟ったのだ。これが僕の人生で最大の挫折と言ってもいい。

この現実を知って、僕は高校に入学して早々に歌手という夢を諦めた。だけど、趣味として楽しむならなんの問題もない。軽音楽部でギターを弾きながら流行りの歌を練習する毎日。歌うことは楽しかったし、自分の知らないジャンルの音楽を知るうちに、歌への興味はどんどん大きくなっていった。

歌を歌うことを仕事にはできないかもしれないが、どんな形でもいいから歌に関わる仕事をしたくて、僕は歌の専門学校に通うことにした。自分の実力を上げるのではなく、誰かに発声方法を教えるという道もきっと楽しめると思ったのだ。

高音＝裏声ではない

ボイストレーナーになるべく、専門学校に通うことになったのだが、僕はこの場所で価値観の違いというものを突きつけられることになった。ある日、ひたすら高音で歌うという授業があり、僕は地声で高音の音階を出していた。

しかし、先生は柔らかい口調で「あなたの出しているのは裏声よね？」と何度も確認してくる。そのたびに、僕は「いいえ、これは僕にとっては地声です」と返すのだが、先生は「それは地声ではないわ」と否定。

先生が裏声だと言っている音を出して、「ほら、地声とは違うでしょう？」と証明しても首を横に振るばかり。何度話しても平行線をたどり、僕はその先生の指導を受けるのが嫌になってしまった。

今、先生の言っていたことをどうにか解釈するとしたら、「同じ高さの音を地声と裏声で出したときに、一般的にその音は裏声と言われる高さよね」ということなのではないかと思う。だけど、僕にとっては地声で出している高音と、裏声で出している高音というのはまったく別なのだ。そして、この感覚は今でも変わることがない。こんなふうに説明してくれたら、当時の僕だって自分の声を正しく理解することができただろう。

現在、「成人男性三人組」というユニットを組んでいるのだが、メンバーのけーぽんは高音を出すときに裏声になる。そして、裏声の高音は繊細だから、僕のように高音を地声で出す人と一緒に歌うと、声がかき消されてしまうのだ。また、裏声の高音はボーカロイドのように機械的な音質に似ていくのだが、地声の裏声は人間が歌っている感覚が強く残る。

裏声で高音を出している人に言わせると「地声で高音を出せる人が心の底から羨ましい……」ということらしいので、高音＝裏声ではないということが分かると思う。

価値観の違いを知る

何が言いたいのかというと、音楽というジャンルは歴史が長いのに確立されていない価値観がたくさんあるということだ。
例えば、歌うときには腹式呼吸を意識して……とか、頭の上から突き抜けるように……という指導がそこかしこでされるようになった。だけど、それはあくまでもその人が歌を上手くなるために手に入れたメソッドであって、みんなに当てはまるような万能な方法ではないということは覚えておいてほしい。足は肩幅分開くとか、指が縦に４本入るくらい口を開けるなどの基本的なことも良い方向に働くかどうかは個人差がある。

ちなみに僕は、世の中に出回っているボイトレ法が理解できなかったし、専門学校の先生が言っていることで納得できたことはほとんどなかった。ある先生は、「高音を出すときには首をグッと上げるんだ」と教えてくれたが、違う人に聞いてみると「後頭部を下に引っ張られるような感じ」と返ってくる。

人によって頭の上下運動まで違うのだから、こちらとしてはお手上げだ。結局のところ、どちらの方法を試しても高音が出ることはなかった。先生が何を言っているか分からない、という状態は正直きつい。モチベーションも下がるし、自分が理解できないのが悪いのだろうかと悩んでしまう。

世の中に出ている高音の出し方という情報を片っ端から調べてみても、全然違っていて、僕はますます混乱した。だけど、いろんな人の意見を聞くうちに僕は思ったのだ。人によってこんなに正解が違う曖昧なものなら、自分だけの正解もきっとあるはずだ。その後、僕は専門学校を卒業して、独学で高音を出す方法を見つけることにした。

教えられたことを理解できない人間が悪いわけでも、その人の指導方法が間違っているわけでもないと気がついて心が少し軽くなった。広いジャンルの中で自分と相性の良いイメージは必ずある。

それは、音楽を言葉で理論的に説明することが難しいことと似ているのかもしれない。個人差があるものだと分かっているだけで、いろんな人の発声方法を学ぼうと思えるので、たくさんのメソッドの中から自分に合うものを見つけていこう。それでも見つからなければ自分で探せばいいのだ。

独学は時間がかかるし、情報がたくさんある中で自分に合うものを探すのは効率も悪い。でも、そうやって学んだ知識は絶対に無駄にはならない。

僕も声帯まわりの筋肉がどうやって動いているか、どのように筋肉を動かせば声が出るのかを調べたりしている。「腹式呼吸を意識すれば良い」と言われるよりも、身体の構造を知るほうが腑に落ちる部分が多い、というのも独学で学ばなければ分からなかった。


ちなみに、僕の中の定義では地声をチェストボイス、裏声をファルセット、その2つの中間にある中域のミドルボイスという3種類の声色がある。そして、この3つをきれいに繋げることをミックスボイスと呼ぶことにしている。音の高さも、下からｌｏｗ、ｍｉｄ1、ｍｉｄ2、ｈｉ、ｈｉｈｉと定義している。

この定義や言葉については、それぞれが違った解釈をしているので、これを読んで「間違った情報を教えるな」というお叱りはご勘弁を。

あくまでも、僕が説明するために決めた名称なので、この本の中や、ウォルピスカーターの語る声質にのみ適応されるものだと思っていただけると大変助かります。

こんな具合に、まずは自分の中できちんと定義を作ることが自分の声を正しく把握するために必要なことだ。

地声と裏声の音域は、歌を歌っていない人でも認識できると思う。しかし、大事なのはここからで、2つの音域を繋ぐミドルボイスというものが存在する。これは実際に時間をかけて歌わなければ分からないかもしれないが、高音だけど地声という音域があるのだ。ぜひ、見つけてみてほしい。きっと世界が変わるはずだ。

高音の魅力

高音を出せる人を、元々持って生まれた才能だと思っている人は多いはずだ。実際、僕もそんなふうに思っていたし、歌い手界隈で高音を出せる人は昔から高音が出せるという人ばかりだ。

しかし、僕は違う。昔の音源を聴いていただければ一聴瞭然なのだが、かつての僕は決して声が高いほうではなかった。それなのに、どうして高い声を出そうと思ったのか……。それは、冒頭でも話したように、ニコニコ動画で流れていた高音特化型の歌い手を知ったことがきっかけだ。

初めてハイトーンボイスを聴いたときのことは今でも忘れない。まるで、結果だけ見せられて、どうやっているかは全然分からないマジックを見せられているかのような衝撃だった。

気になった歌い手の人に連絡を取り、「どうやって高音を出しているんですか？」「誰にでもできるものなんですか？」と質問責めにしたこともある。すると、高音を出せる人は揃いも揃って、「練習すれば出せるようになるよ」と言うではないか。それでも最初は、「どうせ恵まれた声帯をお持ちなんでしょ？」と半信半疑だった。

だけど、実際にやってみて本当に練習すれば出せるようになるということを僕は知ってしまったのだ。自分にも出せると分かってしまったからには、「もっと高音を出せるようになりたい」という欲求はどんどん強まっていき、現在の「高音出したい系男子」に至った。

高音が出せない人に、すぐにできる高音テクニックを教えてあげたい気持ちは山々なのだが、実はそう簡単な話ではない。スポーツの練習のように泥臭く、過酷な経験の中からつかんだ、僕なりの方法を教える以外にできることはないのだ。最初に言っておこう。高音を出すことは並大抵の努力では叶えられない。

高音を手に入れるには最低でも3年かかる

現在世の中に出回っているボイトレ方法のように、自分が学んだことを簡単にメソッド化できたらどんなにいいだろうか。そういうものをみなさんが求めているというのも痛いほどに分かっている。だけど、高音は簡単には手に入らないというのが、僕の実感なのだ。どうか、ため息をつかないでほしい。

僕が高音を出すために日々していたことは、自分が出せる限界の高音が入っている歌を繰り返し歌うだけ。高音の練習をするときに、曲調で選ぶ人がいるのだが、僕はメロディーのほうが大事だと思っている。僕のおすすめは『アザレアの亡霊』というボーカロイド曲。信じられないくらいの高音スパルタ曲なので、最初のうちはほとんどの音がまともに出ない。

だが、序盤で投げ出してしまっては高音を手に入れることはできない。「こんな高音出ない！」と叫び、本当に出せるようになるのか？と落胆を繰り返す。このスパルタ曲を毎日のように練習していると、不思議なもので少しずつ音域が拡がってくるのを感じるのだ。

そして、高音は突然やってくる。昨日まで出なかったはずの高音がある日突然出るようになるのだ。感覚としては〝出し方が分かる〟というのが近いだろうか。なぞなぞの答えを突然ひらめいたかのように、高音の出し方が分かるのだ。それは、たまたま出たものじゃなく、その後何度同じ音を出してもきちんと出せるようになる。あのリミッターが解除されたような感覚は、言葉にするのが難しい。

僕はこの経験を今までに3回ほど経験しているのだが、知り合いの歌い手に聞いてみてもその感覚はないようで、個人的な感覚なんだろうかと思っている。しかし、3回もこんな成功体験を経験した僕が言えることは「諦めなければできる」ということだ。

根性論の究極系になってしまうが、自分の限界に向き合い、長い時間をかければ手に入る。なので、残念ながらすぐに効果の出る高音メソッドのようなことは僕には紹介できないのだ。

高音を手に入れるメリット

高音を開発すると高音が出せるようになる。これは当たり前の話だが、高音を鍛えるとそれ以外の音も安定するようになるし、話し声にも変化が表れるようになるということを知ってほしい。

僕は高音を鍛えた結果、例えばプリンセス プリンセスさんの『M』が原曲キーで歌えるようになったし、単純に高音を出せるようになった。しかし、それだけではなく、元々出せていた音域の限界を超えて高い声を出せるようになって、僕はプライベートでも声が良く通るようになったのだ。

普段話している声に高音を取り入れるだけで、まわりの反応は驚くほど変化する。例えば、学校や職場に行ったときのことを思い描いてほしい。明るく高い声で「おはよう！」と声をかけられるのと、ぼそぼそと「おはよう……」と挨拶するのでは印象が全然違うはずだ。

僕も、ラジオで話すときにはできるだけ高い声を織り交ぜながら話すように意識している。なぜこんなことをしているかというと、人間は楽しいときに高い声を自然に出す生き物だからだ。高い声を聴けば、楽しいという感情が動きはじめる。

それは、話している人も、その声を聴いている人にも同じように影響があると思う。楽しそうに話している人は、声に自信が宿る。それは、あなたのまわりにいる「明るくてハキハキした人」を思い浮かべれば分かるだろう。


実際の僕は人と出会うことに積極的ではない。自分の話をするのは好きだけど、知らない人と初めて話すとなると、途端に緊張してしまう。だけど、僕と話したことのある人からは「ウォルピスくんって意外に明るいんだね」と言ってもらえることがある。自分のイメージなんて、話し声ひとつで簡単に変えられるのだ。

本当は根暗でもネガティブな人間でも、話し方さえ意識すれば明るい人間だと思ってもらえるのだ。陽キャになれるとは言わないが、明るくてハキハキした印象を相手に与えられれば、相手も気軽に話しかけてくれるようになる。そうやって、人間関係を作っていくのも、ひとつの方法だろう。

人と距離を置かれてしまうと思っていたり、人と上手くやれない人も少なくない。でも、そうなってしまう原因も、自分の声質ひとつで変えられることなのかもしれない。自分から不用意に壁を作らず、明るく話しかけてみるところからはじめてみてはいかがでしょうか。

頑張っている声が魅力に繋がる

人が聴いて良い歌だと感じる理由はひとつではない。僕が大きく良い歌を分類するとしたら、歌のテクニックが上手に反映されている人と、感情が深くこもっているかの2通りだ。例えばバラードを歌うときはその世界観にのめり込めるかどうかがすごく大事だし、ボーカロイド曲などは感情よりも歌いきる技術が注目される。

自分が高音を出せるようになってから、飲食店や街角のBGMから一瞬でも高いキーを出している歌を耳にすると、「今のは良い高音だ！」と興味が向くようになった。曲全体が高音なのか、一部分だけが高音なのかは関係なく、歌っている人が頑張って出している高音に惹かれているんだろう。

実際にその場で曲名を調べてみるが、最高音が思ったより高くなかったということがある。それでも、僕の耳と胸に突き刺さる何かがあるのだ。これは、テレビを見ていても感じることがある。芸人さんが「なんでやねん！」とツッコむときに声が高くなる瞬間があるのだ。その時も「良い高音だ！」と興味が出る。


これは一種の職業病みたいなものかもしれないけど、この実感のおかげで大切なことが分かった。それは、どんな人でも限界の高音を出せたら魅力になるということ。頑張って振り絞った声は、聴いている人の感情を動かせる。歌が上手くなるという話をするとどうしてもテクニックばかりに目がいってしまうけど、大切なのはそれだけではないのだ。

自分の歌いたい曲が、感情を大事にしているのか、それとも技術を見せたいのかで感じ方は相当変わる。その曲に合った表現をチョイスしていくことも歌には必要なのだ。

声の響きを把握する

高音は、練習すれば習得できると説明したが、基本的な声質自体は生まれ持ったものであることが多い。例えば、無理せずに出せる声がハスキーボイスだったり、アニメ声のようなかわいらしい声だったり。それをきちんと把握すると、自分に向いているメロディーを選ぶことができる。

なぜこれが必要かと言うと、自分の声質に合った発声を簡単に学ぶことができるからだ。同じ声というものは存在しないが、自分と似た声の人が歌っている曲は単純に歌いやすい。自分の声は、歌手でいうと誰に似ているのかを考えてみると、歌が上達したり今まで出せなかった高音の出し方を知るきっかけになったりするだろう。高音と一口に言ってもたくさんの声質の高音があるのだ。

高音にも男女差はある

僕の歌っている声を初めて聴いた人からは「女性の声かと思いました」と言われることがよくある。高音には一般的に女性的なイメージがあるから当然なのかもしれない。しかし、実際に歌っている僕からしたら、男性と女性の発声には根本的に違う部分がある。

女性は笑い声なども含めて、日常的に高い声を出す。男女差を分かりやすく表しているのはジェットコースターでの一場面だ。高いところから一気に落ちるとき、女性は高音で「きゃー！」と叫ぶが、男性はせいぜい「おうふっ……」と低い声を漏らすくらいだ。どちらも、無意識で出す声なのに全然違った反応になるのを疑問に思った人はいないだろうか？

これは、日常的な鍛え方が女性と男性では全然違うということ。女性は話すときも驚くときも、歌うときもずっと高音を出し続けているのだから、言ってしまえば日常的に高音を鍛えて歩いているようなものだ。

だからこそ、女性は高音を出すときにパワーに頼ることはほとんどない。女性の筋肉は声帯まわりも含めて、かなりしなやかに作られているので、パワーが必要ないし、フワッと高音を出せるのだ。だからこそ、女性の高音はあんなに甘く柔らかく伝わるのだと思う。ただ、パワーに頼らないということは高音になるにつれて声量が抑えられるという一面もあるということを覚えておいてほしい。これが、男性の高音との最大の違いになる。

男性の高音の場合は、日常的に高音を使わないので習得するまでに時間はかかるが、男性が最高音域で出す高音は女性の高音よりも力強い印象を与える。鍛えていくとメタル寄りのハイトーンに近づいていくのがパワーを感じる理由だろう。

ちなみに僕の個人的な印象だが、女性で男性のような発声を取り入れている人で思い浮かぶのは広瀬香美さんだ。突き抜けるようなパワーとしなやかさを併せ持った女性の声は珍しいので好んで聴いている。

こんなふうに簡単に女性と男性に分けてしまったが、もちろん例外はある。男性でも女性のようにしなやかに歌い上げる人もいるし、女性でも男性と同じくらい力強く歌う人もいる。

これはどちらが優れているとか、高音に向いているという話ではない。もっと言えば「女性だけど高音が出ない」という人もいて、「男性だけど高音が苦もなく出せる」という人もいるだろう。

自分の声質は一体どんな響きをしているのかを考えるきっかけとして紹介しただけなので、この男女差はあくまで考え方として参考にしてもらいたい。自分の声質を正しく理解するためには、自分の声を客観的に分析することが必要なのだ。自分の男だからと諦めることはないし、今話したことにあなたの声が当てはまらなくても全然問題はない。

地声の高音は倍音と中域が強み

高音には裏声で出すものと、地声で出すものがあるというのはすでに話した。正直、裏声で高音を出している人はこれから先、そんなに困ることはないだろう。男性の出している高音はほとんどが裏声なので、参考になる人がそこら中にたくさんいる。世の中に、裏声の発声方法はたくさん情報が出回っているので、きっとそちらを参考にしたほうがいいだろう。

しかし、地声を軸にした高音で歌っている人はきっと迷子になっているはずだ。なぜなら、僕自身がそうだったから。世の中にあふれているほとんどの発声方法がどうしても自分に合わず、地声の高音についてネットで検索してみても情報がほとんどない。

残念ながら僕の高音を出すための方法は根性論になってしまったが、地声の高音がいかに魅力的であるかは伝えておこうと思う。

地声で出す高音の魅力は、音の豊かさにある。ひとつの音を出したときに、呼吸に伴っていくつもの音が乗ることがあるのだが、この倍音の響きが美しい。裏声の人にはなかなか真似できない魅力的な倍音になるのだ。

また、地声を軸にすることで、低音でも高音でもない中域の部分の音にきらめきを出すことができる。単に高音が出せるだけではなく、それ以外の音が光りはじめると一気に歌のクオリティーが上がっていくのだ。

地声の高音は声が枯れる

地声の高音の良いところばかりを語るわけにはいかない。僕のライブに来てくれた人は分かっていると思うが、地声の高音が持っている最大の欠点は声が枯れやすいということだ。

地声で広い音域をカバーしようと思うと、それだけ喉には負担がかかってしまう。1曲通して声をコントロールするのも難しいくらいだ。だからこそ、ライブ活動をメインにしているボーカリストは裏声を主軸に高音を出しているのだと思う。僕のように地声で高音を出す人間は少ない理由もこれだろう。ライブを考えれば、声を調節して歌い方を変えたりしなければ持たないのは、歌でパフォーマンスをする人たちの共通認識だ。

だけど、それでも僕は地声で高音が出したい。僕が地声で高音を出し続けるのは、ただそれだけの理由だ。ライブのときに原曲キーで歌えなくたって構わない。そういうバランスの良さを捨ててもいいと思える人は、ぜひ地声を磨いてほしいと思う。地声には地声の魅力があり、豊かな音の響きを出せる。その魅力を僕と一緒に広めてくれる人、募集中です。

ピッチ補正で高音を視覚化する

僕のTwitterには高音を習得したいという人からコメントが届くことがある。その中でも、割と多いのが「今、自分が出している高音がどの程度の高さなのか分からない」というものだ。だから、「僕の歌っているところを聴いてどのくらい出ているか教えてほしい」と言われるのだが、そんなことやってられるか（笑）という気持ちが少なからずある。

そうは言うものの、僕にも似たような経験があるので、困っている様子は自分のことのように想像できるのだ。すごい高い声を出したつもりなのに、あとで聴いてみると意外にそうでもなかったり、反対に頑張って出していないのにめちゃくちゃ高い声が出てると感じたりすることもある。でも、実際の音として聴いたときに本当に高いのはどの音なんだ？と哲学めいた謎が浮かんでくる。

僕には絶対音感がないし、なんとなくこの音よりは高そう……という感覚で高い音をつかみ取っているので、精度としてもそこまで良くはないだろう。

そんな人におすすめしたいのがボーカル編集やピッチ補正で定番の『Melodyne』というソフトだ。音源をこのソフトで起動すると、声の高さがどの音階なのか自動で分析してくれる。1曲を通してどのくらい安定して歌えているかを確認することもできるし、自分の高音がどの高さなのかも分かるのだから、これでもう僕に「歌っている高さをチェックしてください！」なんて質問してくる人はいなくなるはずだ。

しかしこのピッチ補正。すごいのは、それだけじゃない。歌を歌うときに、何より大事になるのは歌唱力よりも耳の良さなのだが、その練習にも使うことができる。その方法は、またのちほど紹介することにしよう。

自分の苦手な音を理解する

今までカラオケなどで歌っているときに、自分の音域から外れていないはずなのに歌いにくい音があると感じたことのある人はいるだろうか。実は、人にはそれぞれ出しにくい母音や、音の組み合わせがある。

人間は、分かりやすい答えに飛びついてしまう傾向があるので、「高音だから出ないんだ」とか、「キーが合ってないんだ」と考えてきた人も多いだろう。でも、本当の理由は音の高さではない可能性がある。

僕は、高音を出すようになってから出しにくいキーがあるということに気が付いた。歌い続けるうちに昔は苦手だった音が得意になったり、昔は苦労しなかった音が難しく感じたりするようになったのだ。日々、自分の苦手な部分が変化するということを知っておくことは歌の上達に繋がるはずだ。

壁を越えた先にも壁があった

２０１４年頃、僕は毎日高音を出し続けていたが、どんなに頑張ってもＢ（ピアノでいうシの音）までしか出なかった。しかし、ある日突然壁を打ち破ったかのように、今まで出せなかったＥ（ピアノでいうミの音）を出せるようになったのだ。

高音が出るようになったのは素直に嬉しかった。だが、嬉しいことばかりではない。今までは頑張った頂点にＢがあったので、自分が出せる限界を出せばＢが出せた。だが、高音の壁を打ち破ってからは限界の音がＥになるので、「Ｂの音ってどうやって出すんだっけ？」と迷子になってしまったのだ。

例えば、野球をしていて１４０キロ出せていた人が、練習をして１６０キロの球が投げられるようになったとする。その時に、１４０キロで投げてくれと言われてもコントロールが難しくなってしまうようなものだろう。

実のところ、高音が出せるようになればなるほど、不安定なキーは増えた実感がある。高い音と引き換えに、中域のバランスが壊れてしまうなんて、上手くいかないものだなと思う。

現在の僕は、なぜかC♯（ピアノでいうド♯の音）が出しにくくなっていて、その理由は分かっていないので、絶賛悩み中です。

母音を知れば苦手が分かる

音の高さだけでなく、出しにくさには発音も関係してくる。人それぞれ個人差があるのだが、僕は昔から〝い〟の母音が苦手だ。その中でも特に苦手なのが〝し〟と〝ち〟だ。

固めの子音が付いていて、なおかつスタッカートが付いていたりすると、歌いやすいと感じるのだが、そこに〝い〟の母音が入ってくると、それだけで音のコントロールが崩れていってしまう。

反対に、出しやすい音は母音の〝え〟と〝お〟で、その中でも僕が好きな音は〝て〟と〝け〟だ。ロングトーンでこの母音を歌うときにはテンションが上がる。

この辺の理由は、もしかしたらボイストレーナーに聞いたり、正しい練習をしたりすれば直るのかもしれないが、独学で始めてしまった以上、自分で克服したいと思っている部分だ。

苦手な音が分からないという人に、やってみてほしいのは変声点で五十音を発声をしてみるということ。変声点とは、地声と裏声が切り替わる部分のことで、地声で出せるギリギリの高さで母音や五十音を出してみると、声がひっくり返ることがある。それが、自分の苦手な音や母音と関係しているので、自分の苦手な音を知ることができる。

僕は、苦手な音を一音ずつ出す練習をしてはいるものの、いまだに苦手意識は拭いきれない。持って生まれた声帯の癖なのか、練習すれば克服できるものなのかも分からないが、なにか僕の中で新たな実感をつかめたら、みなさんに情報共有できるといいなと思っている。

滑舌を整える

僕は歌いはじめた頃、滑舌が悪かった。話しているときよりも、歌っているときのほうが滑舌はどうしても甘くなってしまう。

僕が滑舌の悪さを自覚したのは、初めてCDを作ったときに行ったマスタリングという最終工程でのことだった。自分の音源を聴いたとき、なんだかぼやけた音に聴こえてしまって、曲全体に靄がかかっているようだった。

自分が苦手なことをきちんと把握するためには、人から指摘されるか何度も自分の声を録音して聴く以外にはない。こういうことが分かるから、今でもしつこいくらいに自分の歌を聴くことにしている。

滑舌の悪さにも個人の癖や舌の長さ、顎の作りなどたくさんの要因が絡まっているので「この音を練習せよ！」とは言えない。ただ、僕の場合はタ行が続くと滑舌が悪くなる。こうやって、自分の苦手な音を洗い出していくと1曲歌うだけでも「もうすぐで苦手な音が来る……」とか、「音が詰まっているから滑舌に気を付けないと……」みたいに、考えなければいけない部分がたくさん頭に浮かんでくるのだ。

滑舌は、歌を歌わない人でも気を付けておいて損はない。滑舌が悪いと自覚のある人は、人と話すときに「上手く伝わらないかも……」と考えてしまうので、声も小さくなってしまうし、話すことに積極的になれなくなってしまう。

人との会話を避けていると、どんどん会話をしなくなるし、そうなるとさらに口を動かさないので滑舌が良くなることはない。自分の滑舌を直したいと思うのなら、一人で話すことから始めてもいい。でも、最終的には人との会話の中で滑舌を意識して話せるようになると、自信も取り戻せるし人と話すことが楽しくなるはずだ。

自分の声を振り返る

みなさんは、自分の歌声を音源に残して聴いたことがあるだろうか。すでにご存じだろうが、自分が歌っているときに聴いている声と、まわりの人が聴いている声というのは結構な違いがある。

意外に高いんだな、という音域だけの話だけではなくて、自分で録音して聴いてみると、音程を外さずに歌えているつもりが外れていたり、気持ちよく歌っている時には気が付かないような恥ずかしい癖が歌に表れていたりすることも……。

自分の歌を初めて聴いたときに「意外に上手く歌えてるじゃん」と思った人は注意が必要だ。自分が気持ちよくなる歌と、人が聴いて気持ちいいと思う歌には雲泥の差があることを知ったほうがいい。

批判を恐れず噛み砕く

今だから正直に言おう。ニコニコ動画で「歌ってみた」を始めた頃の僕は、恥ずかしながら自分の歌に酔っていた。泥酔していたと言ってもいい。いろんな投稿者が上げる動画を見て「これくらいなら自分にもできそう」なんて考えて歌っていた。だけど、自分が見ている投稿者たちとは違って全然視聴者数が増えない。同じことをやっているはずなのに……と思いながら自己流の歌い方をするようになっていった。

あるとき、僕のチャンネルに「この歌い方くどい」とか「かっこつけてるだけじゃん」というコメントが寄せられるようになった。コメントをもらったときには、「お前らに何が分かるんじゃ!」くらいの気持ちだったし、怒りでまともに向き合うことなんてなかった。しかし、怒りが過ぎ去ったタイミングで、ふと「そういうふうに聴こえているのかもしれない」と考えることができたのだ。

これは僕にとって大きな転機だったが、同時にひどい痛みも味わった。今まで自分が正しいと思ってきたものを、改めて見つめ直す時間というのは相当つらい。過去の音源を聴いていても、最初のうちは自分の悪目立ちしている部分にも気が付かない。僕が自分の悪い部分をちゃんと受け入れられるようになったのは、初めて否定的なコメントをもらってから3年が経過した頃だ。

「くどい」と言われた理由は、僕が曲全体にビブラートやエッジなどのテクニックを多用していたことが原因だったと思う。歌っている側からすれば、歌に技術を乗せていくことは単純に気持ちがいい。

だからこそ、人からの指摘が入らなければどんどん独りよがりになっていくし、本人だけが満足するような歌になっていってしまう。だから、自分の歌がどんなふうに聴こえているのかは、自分だけじゃなく人に聴かせて初めて分かるものだと痛感した。かっこいい歌と、かっこつけてる歌には天と地ほどの差があるのだ。

録音環境を整える

自分の歌っている声を正しく評価するためには、録音という昔ながらの方法しかないと思っている。カラオケに行って、自分の歌声をスマホで録音している人もいるかもしれないが、僕としては録音環境をぜひ整えていってもらいたい。マイクやオーディオインターフェイス、パソコン、ソフト、スピーカー……となると、出費が大きくなるのもわかっているのだが、スマホで録音した音とはまったく違う。どうしても手軽に録音したいという人はスマホでも問題ないが、それでも十分ではないことを理解しておいてほしい。

僕が「歌ってみた」を始めた頃は、まだ実家に親と一緒に住んでいた。最初に用意した録音設備は軽音楽部で使っていたマイクと、オーディオインターフェイス、パソコン、そしてオーディオインターフェイスを購入したときに付いてきた録音用のソフトだった。ボーカル録音に特化したマイクではなかったけれど、始めたときにはそれで十分だった。

自分の部屋がなかったので、寝室は母と同じ部屋。さらに、家の近くには動物病院があったので、たまに犬の鳴き声が漏れ聞こえてくる。録音環境としてはあまり良くなかったが、椅子に座って布団を上からかぶり、余計な音が入らないようになんとか工夫していたのも、今となっては良い思い出だ。

最近では、レンタル防音室というのも登場しているので、自室に備え付ける人も少なくない。本気で歌を仕事にしたいと思っている人や、もっと上手く歌えるようになりたいと考えている人は、まず録音の基礎から見直してみると良い。

再生する環境に気を配る

再生する方法もイヤホンやヘッドホン、スピーカーなど選択肢はたくさんある。僕がおすすめしたいのはスピーカー一択。人間の耳は、近くで聴いた音を〝良い音〟と判断する性質があるようだ。だけど、実際に人前で歌うときに、耳に接近して歌うことなんてほとんどないだろう。

人に聴かせるという前提なのだから、その適正距離というのを把握しておくことは大切だ。同じ音源でもイヤホンで聴いた時と、スピーカーで聴いた時では全然違う。スピーカーのほうが、自分の耳に届く時の距離が長いのではるかに下手に聴こえるのだ。イヤホンで聴いたときに「上手く歌えてる！」と思っている人は、ぜひスピーカーで聴いてみてほしい。自分の歌の下手さに愕然とするはずだ。

僕の場合は、「歌ってみた」を始める前にバンドをやっていたこともあって、自分の歌を録音する習慣はついていたのだが、残念なことに「そこそこ歌えてるじゃん」と思っていた。今思えば、恥ずかしい。ただ、自分の歌を上手いと思い込んでいなかったら、「歌ってみた」に投稿することもなかっただろう。だから、現在にたどり着くためには必要な恥だったのだと思うことにしている。

僕と違って、自分の歌を聴いたときに「こんなつもりで歌ってなかったのに」とか「変な癖がついてる！」と思えたら、割と自分の歌を客観的に評価できていると思っていい。

悩ムササビ

2章　歌うために必要な知識——自分の声を表現する

CHAPTER 2
WHAT YOU NEED TO KNOW TO SING BETTER
EXPRESS YOUR OWN VOICE

表現の幅を広げる自己流ボイトレ

既存のボイトレを捨てた僕は、ただ高い声を出すだけの毎日を送っていたわけではない。考えた末にたどり着いたのは、ボイトレという時間を設けるよりも、日常の中でどれだけ自然に高い声を出せるかというシンプルな答えだった。

そういう視点で日常生活を観察してみると、家の中に良質な発声場所があることにも気が付いた。大きな声で歌うことが家では簡単にできないという人にも取り入れやすいものだと思うので、参考にしていただきたい。

もちろんカラオケやスタジオなどにお金をかけられる人は、そういう方法もありだ。ただ、僕の場合は学生時代に毎日のようにカラオケで歌の練習をするような金銭的な余裕はなかったし、友だちと話しながらでもボイトレができるのを目標にしていたので、手軽さで言ったら僕の方法に軍配が上がるだろう。

今まで目にしてきたボイトレ方法とはまったく違う僕の編み出した独自の方法なので、専門家から見て「それってどうなの？」と思われることもあるかもしれない。だけど、何度も言うように正解はひとつじゃない。自分にとって効果のありそうなものを取り入れていけばいいだけなので、全部を理解できなくてもいいし、こんなことをやってたのねと読み飛ばしてもらっても構わない。

ただ、僕と同じ悩みにぶち当たっている人が、少しでも前に進む方向を見つけられるきっかけになることを祈っている。

人の歌い方を真似する

人の真似をする、ということに抵抗のある人もいるだろう。自分の個性を大切にしたいとか、自分だけの表現を追求したいと思うこと自体は僕も納得できる。しかし、歌い方のテクニックはビブラートやこぶし、フォールなど、ある程度共有できることとして世の中に伝わっていると思う。

自分の個性とは、そのテクニックを歌のどの部分に取り入れるかというバランス感覚によって表現されるのだ。まずは、歌うときに基礎となるテクニックを知らなければ、それを自分流にアレンジすることも難しいだろう。

歌を生業にしている人は、誰にでも〝その人らしい歌い方〟がある。それは、自分の好きな歌手を思い浮かべてもらえれば、誰もが頷けるだろう。その人らしい歌い方というものが、どういう要素で構成されているのかを知ればその人の特徴を自分のものにできるのだ。

最初のうちは、特徴をつかむのにも苦労すると思うが、「半音上がるときに小さな〝ん〟が入るんだな」とか、「ビブラートが4拍続いているんだ」など、なるべく具体的に変化を把握すると、吸収するスピードが格段に上がっていく。これを感覚的にできる人もいるのだが、きちんと言語化できるようにしておいたほうが僕は良いと思う。そうすると、自分の分からない部分がどこなのかを明確にできるし、人に相談するときにも分かってもらえる可能性が高まるからだ。

そして、テクニックが全然分からない状態だったとしても、諦めずに続けていくと、そのテクニックがどうやって表現されているのかを自分の喉が覚えてくれるようになる。僕も「あの音はこうやって出していたのか……」と腑に落ちる体験を何度もしてきた。

また、単純に音を真似るだけでなく、手をどんなふうに動かしているのか、口の開きはどの程度なのか、どんな表情で歌っているのかを観察してみると、より近い音を表現することができる。

身振りを真似すると、その人に近い発声方法や息の抜き方が分かる瞬間があるのだ。なので、CDの音源だけでなくライブの映像や音楽番組で登場したときの真似をするのがおすすめ。後ろ脚に重心をかけているのか、顎を引いているのか、その人の細かい部分を分析できれば、テクニックを自分のものにできる可能性は高くなるだろう。

どうやってテクニックが表現されているのかをよく考えずに自己流で歌っていると、ビブラートをどれだけ伸ばせば聴いている人が心地よいかということにも気が付かなくなってしまう。

では、どうやって真似する人を選ぶのかというと、できるだけ歌い方の癖が分かりやすい人や、曲調を選んだほうが良い。これは僕の実体験になるのだが、沖縄民謡の歌い方を取り入れてみようと思ったことがある。途中で声がひっくり返ったように聴こえる独特な歌いまわしが特徴的なので、一度でも聴いたことのある人にはわかってもらえると思う。

歌い方を習得するために、沖縄出身の人が歌い方を紹介している動画を見たのだが、「喉に上蓋があって、それが一瞬だけパカッと開くような感覚です」と言っていて、失礼な話だが僕にはさっぱり分からなかった。

それでも、何度か歌い方を真似しているうちに、その人の言っていた感覚はこれか、と分かる瞬間がくるのだ。僕なりに理解したことを言語化してみると、例えば「Aの地声の後にCの裏声が出ていて、そのあと流れるようにまたAの地声に戻っていく」であるとか。

このように、最初はイメージがつかめなくても構わない。口の動かし方を真似するなど、音を把握する感度が上がれば時間はかかっても自分のものになるはずだ。

耳の感度を上げる

僕が軽音楽部に入っていたときに意識していたのは、歌うことだけではなく楽器に触れることだった。僕の所属していた軽音楽部では、楽譜を読んで覚えることはほとんどなく、耳コピして覚えるのが主流だった。軽音楽部とは昔からそういう文化だと思っている。

楽譜を用意したほうがラクじゃないか、と思う人がいるかもしれないが、それまで音楽に触れてこなかった人間からしたら、楽譜を見せられてもおたまじゃくしの群れにしか見えない。小難しいことを勉強するよりも、耳コピのほうが当時の僕には合っていたんだと思う。聴いた音を探して鳴らす。最初のうちは、なかなかどの音か分からないが、毎日のように繰り返していると耳が鍛えられてくる。

耳コピでギターを弾くようになってから、僕の耳は音を捉えるのが上手くなっていった。ギターのコードを覚えてからは、音を聴いただけで頭にパッと出てくるようになり、それに伴って人の歌い方を真似するのも上達したのだ。

耳を鍛えると、音を捉えることはもちろん、歌い方の癖やテクニックを理解するのに役立つので、機会があれば楽器に触れてみるのもいい。

そして、僕がもうひとつここでおすすめしたいのは、自分の歌った音源を先ほど紹介したソフト等を使ってピッチ補正をすること。ピッチ補正をすると、録音した音の高さを調整できるので、歌っているときに音を外してしまっても、ここである程度なら調整できる。しかし、ピッチ補正と言うと、どれだけ下手に歌ったとしても音の高さを自由に変えられるんでしょ?と思っている人もいると思う。

だけど、そんなに都合のいいものじゃない。音の高さを変えられるのは、せいぜい半音から1音くらいだし、元々の歌がある程度完成されてなければ、ひどい歌ができあがってしまう。つまり、ピッチ補正に必要な能力は、半音や1音の違いを聴き分けるということ。正しい音に合わせるためには、自分の歌声がどれくらいずれているのかを把握できないと難しくなってしまう。耳がどのくらい鍛えられたかというのは、視覚化できないので実感するまでには時間がかかるかもしれないが、慣れてくるとコーラスがどんな音で構成されているのかも理解できるし、和音の組み合わせも聴き分けられるようになる。

発声練習は日常生活から

男性が日常的に高い声を出しても違和感のない場面ってどんなときだろう？と高校生の頃に考えるようになった。ある日、同級生が話している様子を遠目に見ていたとき、一人の男子がめちゃくちゃ高い声で爆笑しているのを見て、僕は「これだ！」と思った。笑い声を高音にすれば、高音のボイトレができるじゃないか。もう、かれこれ6年ほど、その癖が習慣化している。

家族と一緒に住んでいたときには、防音室などあるわけもなく全力で歌ったり発声練習をすることが難しかった。そんなときに、僕が編み出した方法は浴室で発声練習をすることだった。浴室といっても、普通に歌ってしまったら声が反響してとんでもないご近所迷惑になってしまう。

僕は、お湯を張った浴槽の中（水中）で声を出す練習をすることにした。水の中で発声をすると音を吸収してくれるので、どれだけ全力で歌っても問題なし。また、水分は喉の調子も最高の状態にしてくれるので負担も軽減されていたと思う。

さらに、水中で歌うとどれだけの呼吸で音を出しているのかが、気泡のおかげで視覚化できるのだ。水に対して顔を下向きにすれば、圧力の関係で声を出しづらくなるので、肺活量を鍛えるのにも最適だ。声を前に飛ばす、というボイトレのイメージに近いのかもしれない。

リバーブに甘えない

浴室でついつい歌を口ずさんでしまう人が多いのは、リバーブという残響効果があって気持ちよく歌えるからだと言われている。このリバーブは、カラオケでいうところのエコーとよく似た効果で、気持ちよく歌える半面、歌が上手に歌えていると誤認する恐れもある。

こんなことを言っているが、僕はカラオケを批判したいわけじゃない。カラオケとは、気持ちよく歌わせてくれる場所だし、僕もカラオケに行って友人と原曲キーで歌い散らかすこともある。

だけど、自分の歌がどの程度のレベルなのかを把握するためには、リバーブやエコーは邪魔になってくる。まだ歌い手という職業が今よりも認知されていなかった頃から、「カラオケのエコーは切って練習しろ」と言われていた。カラオケや浴室で歌って気持ちよくなるのはいい。でも、そこで自信をつけるのだけはやめておこう。

リバーブに頼らずに歌った音源を、一度自分で聴いてみるとほとんどの人が自信をなくすはずだ。だけど、自信をなくすことが上手に歌えるようになるためには大切だと思う。

自分は歌が上手くないと認めて、じゃあどうしたら上手になれるのかを考える。この落ち込みがないと、自分の歌を客観的に判断することは難しい。だから、自分の歌と向き合うときと、気持ちよく歌いたいときで環境を選んでみてほしい。

シンプルな喉のメンテナンス

僕は、歌を仕事にしているけれど、その中ではあまり健康に気を遣っているほうではない。今までに、喉に良いと言われていることはいくつか実践してきたのだが、その効果を実感できなかったというのが大きな理由だ。

僕は、自分が実践してみて効果があると思ったことしかしていない。だからこそ、シンプルで必要最小限なメンテナンスになっている。人によって、喉のケアは様々で「寝起きが一番声が出る」という人もいれば、「3時間歌ったあとが一番整ってる」という人もいる。それくらい個人差があるもので、どちらが正解ということもない。

なので、一般的に喉に良いと紹介されている方法も、自分に合っているかを確認しながら取り入れていってほしい。

喉の疲労を癒やすのは睡眠

喉の疲労は歌特有のものではなくて、誰かと話をするだけでも声帯が揺れるので少しずつ緩んでいってしまう。声を出さないだけでもある程度は回復していくけど、僕は一人でいても音楽を口ずさんだり、盛り上がってくるとそこそこの音量で歌いはじめてしまうので、ただジッと回復を待つのは性に合わない。

そんなことをするくらいなら睡眠を取ったほうがマシなので、喉を使ったあとは2時間くらいの睡眠時間を取るようにしている。例えば、録音をする日だったら1～2時間ほど歌うと20分くらい声が出ない状態になってしまう。なので、思い切って歌ったあとは寝るに限る。

ただ、せっかく寝ながら喉を休ませようと思っていても、睡眠中に口呼吸をしてしまうと喉がカサカサになってしまうので、寝るときも注意が必要だ。睡眠中、口呼吸になってしまう人は、起きているときも無意識に口で呼吸している人がほとんどだと思う。自分がいつもどうやって呼吸しているのかを意識することが、喉のケアに繋がるので、もう一度自分の呼吸を見直してみてほしい。

ちなみに、僕は寝るときにエアコンを付けっぱなしにしているので、掛け布団で鼻を覆いながら寝ている。鼻の粘膜が乾燥してしまうと、自然に口呼吸になってしまうのでそれを防ぐためだ。

喉を傷めないようにエアコンを使わない生活をしている人もいるらしいが、僕は夏の暑さにも冬の寒さにもめっぽう弱いので、快適な生活の中でできることをしている。たまに、自分の寝相が悪いせいで口呼吸になっていて、朝起きた瞬間から声がカッサカサになっていることがある。……こういう日は歌うことを諦めて歌詞でも書くか、と切り替えることにしている。

水分を多めに摂る

水分をたくさん身体に取り入れると、喉の潤いが良くなって声が出しやすくなるのだが、喉に水分が吸収されるまでにはかなり時間がかかる。人間の身体は、ほかに身体の水分量が足りていない部分があると、そちらに優先して届くようになっていて、喉に水分が供給されるのは一番最後なのだ。身体全体が必要十分な状態になって、初めて喉が潤うようになる。

寝ている間も汗として身体から水分が排出されていくので、僕はそれを見越して寝る前や、汗をかく前に水分を摂ることを心掛けている。録音やライブのときには、3~4時間前から水分を摂らないとコンディションが悪くなるので、可能な限り喉を湿らせる努力をしている。

大体、人間に必要な水分は一日に2リットルと言われているが、喉が渇いてから飲んでいては遅いので僕は一日に3リットルくらいは飲むように意識している。だけど、最初は一日に2リットルでもけっこう大変なはずなので、水分を摂るという習慣づけから始めてみてほしい。

これは僕だけかもしれないが、トイレに行きたい状態で歌うとなぜか歌のパフォーマンスが上がる……気がする。最初はたまたま調子が良かっただけかと思っていたが、何度か試すうちに確信へと変わっていった。

だけど、トイレを我慢しながら歌うと高音が出やすいと気付いてしまったせいで、それから3年間連続で膀胱炎になっているので、みなさんは素直にトイレに行ってください（笑）。

喉に油を差す

油の多いものを食べると、喉のすべりが良くなって声が出しやすくなるというのは、僕自身も周りの歌い手さんも実感していることが多い。ライブ前にラーメンを食べてから……という人もいるくらいだ。

僕のおすすめはコンビニで売っている「チャーハンのおにぎり」だ。歌う前には必ずと言っていいほど用意してもらう。油をたくさん摂ることを考えると、どうしてもラーメンやとんかつなど比例して食べる量も多くなってしまう。だけどおにぎりなら、そんなにお腹は空いてないけど、喉の調子を整えたいというときにも食べられる。量は少ないのに油のコスパは最高。さらに、コンビニで買えるというのも魅力だ。どこでライブをすることになっても手に入るから、喉のコンディションが崩れない。

これは余談だが、僕の知り合いには「喉を最高の状態にするなら、オリーブオイルだけを飲んで、それ以外の栄養は点滴でいい」と言っている人もいる。それはさすがに日常生活に支障をきたすような気がするので、僕は取り入れていない。そして、これからもその予定はない（笑）。とにかく、そのくらい油というのは歌を歌うときに重要視されている。

それ以外にも、歌を仕事にするようになってから食生活に変化が現れるようになった。辛いものや酸味の強い食事は避けるようになったし、乳酸菌も喉に良くないというのを知ってから控えるようになった。粉っぽい食べ物も、声を出すことを考えたらなかなか手が伸びない。

こうやって書いていると、喉に良いことを優先すると健康な食事からは遠ざかっていくんじゃないかという気がしてくる。お酢や乳酸菌を健康のために摂り、油を控えている人からしたら、真似したくない食生活だろう。

一応言っておくが、僕が紹介しているのは健康的な食事ではなく、あくまで喉に良い食事なのでそのつもりで受け取ってほしい。

声帯まわりの筋肉を鍛える

ボイストレーニングの方法を調べてみると、〝声帯を鍛える〟といった内容が紹介されていることがあるが、僕は声帯を鍛えることは不可能なんじゃないかと思っている。これは、僕の持論だが声帯自体ではなく、まわりの筋肉を鍛えることで声のコントロールができると思うのだ。

初対面の相手と話すときや、大勢の前で発表するときに緊張してしまって上手く話せないという悩みを抱えている人も多いのではないだろうか。この声帯まわりの筋肉を鍛えることは、歌だけじゃなく話し声にもいい効果を与えてくれる。声帯まわりの筋肉をつけることで話し声が変わり、人からのイメージも変化する。なにより、人と話すときに自信をつけることができるのだ。

自分に必要な筋肉をつける

話し声と歌うときに必要な筋肉には違いがある。歌うほうがより喉を酷使するので、会話をするときよりは筋肉が育っているのはなんとなく想像できるだろう。ただ、歌を歌うのに必要な筋肉は、歌っていれば自然に育っていくので、それ以上に必要な筋トレはないと僕は思う。

例えば、ボディビルの選手は筋肉量が多いが、だからといってあらゆるスポーツで成績を残せるかと言われたらそれは違う。ボディビルとは、筋肉の美しさを競うという目的だからだ。筋肉が過剰についていたり、種目に合っていない筋肉をつけても仕方ない。筋肉は、鍛えれば鍛えただけお得、ということはないので注意しよう。

同じ〝走る〟という競技でも短距離走と長距離走の選手では、必要な筋肉が違う。だから、同じ〝声を出す〟という行為だったとしても、それぞれ必要な筋肉は違うのだと思う。

歌う筋肉を鍛えたいなら、ただひたすらに歌う。歌いにくいと感じる部分や、高さが出ないところは、歌っていくうちに必要な筋肉が成長していって、練習を重ねるうちに高い声を出す感覚が分かるようになるのだ。

声の大きさは自信に繋がる

人と話すのが苦手な人の多くは、話すときの声が小さいのではないだろうか。これだけの説明で「確かに！」と思える人はまだいい。意外と、自分の話す声が小さいと気が付いている人は少ない気がする。

まず、自分の身近にいる人で話が上手な人を思い浮かべてみよう。その人は自分と比べて声量が大きいはずだ。それでもよく分からない人は、自分とその人が一緒に会話している音を録音してみるといい。

声帯まわりの筋肉が育っていない人は、人混みでまったく声が通らない。さらに、「このくらいの声量を出してみて」と言っても、話し声と変わらなかったり信じられないくらいの大声を出したり、ボリュームの調節が上手にできていないんだなぁと感じることが多い。例えば、電車の中なら二人きりで話しているときの1・5倍くらいの声量が必要になるのだ。これが、広い会場だったり、大人数を相手に話をするときにはもっと大きな声が必要になる。

また、話し声が小さいと、相手が言葉を聞き取れずに「今なんて言った？」と聞き返されてしまうことがある。そうなると、会話することに消極的になってしまい、さらに声が小さくなるという負のスパイラルにハマってしまうのだ。反対に声帯が育っている人は、その場所に合った声量をきちんと出せるので相手に言いたいことも明確に伝えられるので、会話を楽しめるようになる。

どんなに素敵な考えを持っていても、自分の思っていることが相手に伝わらなければ、その価値は人に認めてもらえない。自分の話し声が、本当に適切なボリュームなのかというのは、一度気にかけてみるといい。

発声を意識するコツ

どうやら、音楽に造詣が深くなると洋楽を聴くようになるらしい……というのを最初に痛感したのは高校生の時だった。洋楽に触れはじめると手のひらを返したように「邦楽はクソだ」「これだから日本の音楽は海外で戦えないんだ」と言う人もいた。

だけど、僕は当時からゴリゴリのＪポップが好きだったたし、周りに影響されて洋楽を聴いたあともそれは変わらなかった。邦楽には邦楽の良さがあり、洋楽には洋楽の良さがある。それは、日本民謡とロックを並べて「どちらが良いか？」と聞くくらい意味のないこと。僕が邦楽と洋楽で一番感じる違いは、メロディーラインでもテクニックでもなく、その発声方法だ。ここでは、僕の意識している発声方法や洋楽との違いについて考えてみようと思う。

邦楽は個性が光る

英語圏の人たちは、会話や歌で使う筋肉が僕たち日本人とは違う。口を大きく開けて表情豊かに話しているのを見ると、喉に負担のかからない声の出し方を日常的にしていたり、顔まわりの筋肉を普段から使ったりすることがわかるのだ。

このような発声方法を日常的にしていれば、女性でも突き抜けるような力強い高音を出せるし、音の響きも豊かになるのも当たり前。それは、洋楽の素晴らしさだと思う。

一方、日本語の発声は表情の動きも少ないし、口の開きも極端に少ない。内側にこもっているような話し方を日常的にしているので、喉にも負担がかかってしまう。発声という観点で見れば、日本語の発声は歌うには不利な言語なのかもしれない。質の悪い発声がベースにあるから、歌ってもその印象は変わらない。だから、洋楽と比べたときに「邦楽ってダサい」となるのだろう。

しかし、僕は日本の発声方法こそ個性を光らせる言語だと思っている。確かに、洋楽は響きが豊かだ。でも、発声方法にそこまで大きな差がないから、どんな人が歌っても声が似てしまう。僕はこれを、響きの豊かさと引き換えに個性が出せなくなっていると思っている。

洋楽を聴いてみると、揃いも揃ってみんな歌が上手い。これを読んで「プロなんだから当たり前だ」と思う人は、もう少し考えてみてほしい。日本では、歌手だけでなく声優さんが歌うこともあれば、アイドルのようにダンスしながら歌う人もいる。その自由度が、個性となり邦楽という文化を作っているのだ。

これは単純に好みの話なので、洋楽をバカにするつもりはないし、邦楽を必要以上に持ち上げるつもりもない。ただ、海外で邦楽が評価されなくても、僕は邦楽が好きだし多種多様な音楽文化を広げられる日本だからこそ、僕のような歌い手が世の中に受け入れてもらえている。ガラパゴス化した日本の音楽は、日本の中で愛され、独自の文化を築いていく。それでいいじゃないか。

身体の穴をイメージして音を出す

高い声を追求しようと思ったときに、いろんな本を読み漁ったのだが、そこには「腹式呼吸を意識する」とか「頭の上から飛ばすように声を出す」と書いてあった。僕は、今のところそのすべてを無視して、音の響きに関しては喉から頭骨までしか意識しないことにしている。

自分の身体を楽器だとイメージすると、鼻や口が笛に開いている穴のようなものので、その穴を通してどのくらい空気を送り出すのかを考えたほうがしっくりきたからだ。

歯に息を当てるにしても、歯の手前に当てるのか、奥に当てるのかで響きが変わるし、両方同時に同じくらいの量の息を当てるとまた違った声が出る。ちなみに、僕は倍音を響かせたいときには前歯の手前に音を当てるように歌っている。

本当に上手く響いているかを確認するために、毎回録音しては聴き直すという試行錯誤の連続なのだ。

プラセボ効果を使いこなす

歌うときの癖を把握したり、歌のテクニックを鍛えることはもちろん大切だけど、自分が最高のパフォーマンスをするためには、自分を騙すのも大切。

「上手く歌える！」と自己暗示をかけることを「そんなの意味あるの？」という人もいるだろう。しかし、自己暗示は精神的な支えになってくれると僕は信じている。これをしていれば絶対に大丈夫、というものではないけどしないよりは心が少しラクになる。いわゆるプラセボ効果ってヤツだ。

ライブの前、僕は「なにかトラブルが起こらないか……」「高音が出せなかったらどうしよう」と心配になってしまって、どうしようもない不安に襲われることがある。

なぜ緊張するのがいけないのかと言えば、単純に唾液の量が減って喉が乾燥し、声が枯れやすくなってしまうからだ。いつもの練習では、喉が適度に湿っている状態で歌っているので、いつもと同じ歌い方をしても、声が出なくなってしまう。だから、できる限り練習と同じような精神状態を保つのが大切なのだ。ライブ中、ずっと歌い続けられるように、精神もきれいにしておかないといけない。精神がズタボロの状態だと、どんなに喉のコンディションが良くても歌えないのだ。

人によっては、「慣れれば緊張しない」という人もいると思う。でも、僕は根っからの緊張体質で何度ライブを経験しても「前よりも緊張しなかったな」と思うことはない。慎重で臆病者であれば、この緊張からは一生解放されることはないのだろう。

しかし、緊張するからといって人前に出る仕事を避けることはない。僕がそうであるように、緊張を少しでも和らげるようなルーティーンで、自分自身を支えてあげれば人並みにライブをすることはできる。僕が不安を消すためにしていることを、いくつか紹介するので、人前で緊張してしまうという人は参考にしてほしい。

声を出すために身体をほぐす

歌もスポーツとまではいかないけど、身体を使うのできちんと身体が起きている状態じゃないと声も出ない。まれに、寝て起きたあとすぐのほうが声が出るという人もいるので、この辺は自分の傾向をしっかりとチェックしてほしい。

僕の場合は、身体が起きていないと呼吸がずれてしまって、声もワンテンポ遅れてしまうので身体をしっかり起こすというのを意識している。

身体をほぐすために僕がしているのは、鏡の前でニコニコしながら踊るという方法だ。大きい声が出るときは、たいてい笑っているときか怒っているときなので、できるだけ自分の笑顔を見ながら楽しい気持ちを高めるようにしている。

また、この時に「めちゃくちゃ高音出てるよ」と、鏡の中の自分に高音を出しながら声をかけると効果はさらに上がる。静かに「高音出てるよ」と言うだけでは、自分の中で「本当に出るのかな？」と不安が湧きあがってしまうけど、実際に自分が高音を出しているという事実を見せつけることで、自信へと繋がっていく。「本当に出ている！」と感じながら自己暗示をかけていくことが重要だ。

人は、毎日同じようなテンションでいられるわけではない。でも、どんなにメンタルが落ち込んでいても、仕事はきっちりしないといけないし、ムラのあるパフォーマンスでは見ている人をがっかりさせてしまう。

不思議なものだが、落ち込んでいても笑っているだけで楽しくなってくるし、楽しい感情を伴っていたほうが高い声が出るというのが僕の持論だ。ゲラゲラと笑いながら、まるで楽しいことを聞かされたときのように「それ、マジかよ～！」と言っていると、気分が上がってくるのでぜひやってみてほしい。

ライブ前の僕は、狂ったように笑っているので楽屋はまるで動物園のようになっている。初めてその光景を見た人はきっと引いてしまうに違いない。だけど、それくらい自分の楽しいという感情に没頭できないと、良いパフォーマンスなんてできない。人に引かれるくらい自分に酔うこと。恥ずかしさもためらいも捨てて、全力で笑うことが自分を保つ秘訣なのだ。

自分のルーティーンを決める

先ほど書いたことも、僕のルーティーンにあてはまるのかもしれないが、自分なりに心が休まる方法は決めておくのがおすすめ。

ルーティーンは人それぞれなんでもいいと思う。甘いものを食べるでも、誰かに電話するでも、自分の心が落ち着く方法を見つければいい。毎回、緊張したときに同じことをするだけで、安心が刷り込まれていく。最初は、緊張が減らなかったとしても、何度か同じことをしながら「これで緊張しなくなる」と自分に言い聞かせることで本当に緊張が薄まっていくのだ。

緊張することは止められないけど、緊張がマックスの状態を和らげることは工夫次第でできる。正直な話、僕は今でもライブが苦手だし、ライブの日が近づくにつれて「やりたくないなあ」という気持ちが大きくなってくる。

それでも、ライブが始まってしまえばそんな気持ちは吹っ飛んで、「今日だけ声が出れば、あとはどうなっても構わない！」と思うくらいに集中できるのだ。だから、僕の場合はライブが始まる前の不安な状態さえ乗り切ってしまえば、全力で楽しめる。それを知っているから、僕は自分の機嫌を自分で取ることにしているのだ。

僕は、最初から積極的にライブをしていたわけでもないし、自分にできることをその時期ごとに考えてきた。人前に出て歌えないからとか、大勢の前で話すのが苦手でも、自分の好きなことはできる。僕がなぜライブをするようになったかは、この後の章でお話しするとしよう。

現代のボイトレに異議あり

ボイストレーニングというジャンルは、長年ずっと同じようなメソッドばかりで、その定義も曖昧だと思う。例えば、ヘッドボイスと呼ばれる声の領域がどこなのかも人によって違うので、まず前提をきっちりさせるということが必要なのだ。

僕は、昔から法律で音域や定義を決めてほしいと思っている。それも、世の中にあるボイトレ方法に振り回されてきたからだ。同じ言葉なのに180度違う意味を指していることがあったり、歌の専門学校での練習も「なんでこんなことをしているのか分からない」と思うようなことがあった。

声は人それぞれ違うのに、同じメソッドを当てはめようとしすぎだし、反対に定義の意味は広くてバラバラすぎる。現代のボイトレは「とりあえず歌ってみてください」と実践させることが多いのだが、本当にそれでいいのだろうか。それぞれの声に合った指導をできることが、これからの歌には必要な気がするのだ。感覚だけではなく、知識の共有ができれば様々な声質に寄り添う形のボイトレ法ができあがると本気で思っている。この本が、今までとは毛色の違うものになっているのもそれが理由だ。

前提の共有は座学から

小学校や中学校の頃に音楽のテストなどを受けたことがあると思う。ト音記号の書き方や、二分音符は何拍分伸ばすとか覚えたでしょう？　あれが、ボイトレの世界ではほとんどない。誰もが分かる発声方法や共有できる情報が少なすぎるのだ。

例えばボイトレ教室に行っても、いきなり「はい、じゃあ歌ってみてくださ い」と言われる。言われるがままに歌って、「もっとうなじを引っ張られているように歌ってください」と訳の分からないイメージを伝えられる。

このイメージも人によってまったく違う。高音の出し方を比較してみてもその幅がいかに広いかが分かる。実際に僕が聞いただけでも、「お尻の穴を締めてくださいい」とか「つむじに風船があってそこに当てるようなイメージで」など、意識するところも違う。お尻ですか、頭ですか?と聞きたくなってしまう。

高音を出すときには上に引っ張られるように、下に引っ張られるようにというイメージが良く出てくるのだが、これに関しては言ってることが180度違う。

初心者であればあるほど、いろんなことを言われて迷ってしまう人が多いだろう。

歌というのは曖昧だから、教えるためには自分のつかんだ感覚を一般的な言葉に置き換えるという作業が必要になる。だけど、なぜか一般的な言葉に置き換えるときに一癖ついてしまうことが多いのだ。自分だけの解釈なのに、当たり前みたいに「みんなわかるよね?」と言われても「そんなのわかるか!」って思うのが普通だろう。

現代のボイトレでは、その人がつかんだ感覚を教えてもらって、それを上手に体現できる人しか上手くならない。その感覚が分からない人は、たぶんそのまま続けていてもずっと分からない。ボイトレや発声方法は人それぞれイメージが違う。100人いたら100種類あると言っても過言ではない。

だから、まずはあらゆるボイトレ教室で座学から取り入れて、前提を共有するのが良いと思う。イメージを最初に共有するから分からなくなってしまうけど、知識の部分を共有できればもっと一般化された言葉で説明できるはずだ。

現状の上手さを把握するためのボイトレ

ボイトレ教室に通っている人たちは、一体どんな効果を求めて行くのだろうか。歌が上手になりたいとか、高音を出せるようになりたいなど理由はそれぞれだと思う。だけど、そもそもボイトレに通って上手になったり、高音を出せるようになることは期待しすぎなんじゃないかと僕は思う。

僕が独学で高音を出せるようになったからそう思うのかもしれない。でもさっきも書いたように、人のイメージは曖昧だから自分の理論の引き出しを広げるくらいのつもりで通うのが、ボイトレ教室の正しい使い方なんだと思う。自分が今どのくらい歌が上手いのかを把握するなど、自分の立ち位置を知るためにはいい方法だ。

ボイトレでは、本当に基本的な長く歌うためのコツや歌唱テクニック、正しい音程で歌う方法は問題なく教えてもらえるだろう。しかし、これは〝歌が上手くなる〟ということではない。

ボイトレ教室に通う人たちとのギャップはここにもあるのだが、音程どおりに歌うこと＝歌が上手いということではないのだ。自分に合った歌唱法や、個性を歌に乗せられるかが上手さに繋がる。音程だけが合っていても人はそれを上手いとは思わないことが多いのだ。

先生を選ぶコツ

ボイトレ教室に通うなら、自分と同じような声質の人を先生に選んだほうが良い。先生がハスキーボイスで、自分がアニメ声だと発声の方法も変わってくるし、先生の言うイメージも理解しづらくなってしまう。だから自分がハスキーボイスなら、先生も自分と似ている人を選ぼう。

また、女性の方は女性の先生を、男性の方は男性の先生を選んだほうがいい。歌声のキーが似ている人に教えてもらうと発声方法もスムーズに理解できるので、自分の感性にハマる可能性は高い。

そして、実際に自分のキーとぴったり合う人や相性の合う人とはなかなか会えるものではないので、そういう人を見つけたら絶対に手放さないほうがいい。多少面倒くさかったり、言い方がきついくらいで離れてしまうのはもったいない。

昔はボイトレ自体に今ほど多様性がなかったので、当時僕が知りたかったミドルボイスについても教えてくれる人は少なかった。ミドルボイスについて書かれている本を読み漁っても、難しいことばかり書かれていて30Ｐから先に進めなかったこともある。

だけど、今はYouTubeなどで歌い手の人や高い声を出す人がボイトレの動画を出していることも多いし、そういう人たちが開いているボイトレ教室もある。事前に自分と同じような声質なのかを知れるので、YouTubeで探してみるのもいいかもしれない。

そして、なにより大切なのはマンツーマンの教室を選ぶこと。僕が専門学校に通っていたときに、男女混合で20人くらいが集まって音階を追っていくような練習をしていたのだけど、この練習は僕にとことん合っていなかった。

次第に高い音を出していき出せなくなったら座っていくのだが、僕は一般的な男性よりは高い声が出せたので、女性に混ざって2オクターブくらいの音階を出すことになる。この練習は、一体何のためにしていたのか今でも分からない。

そもそも男女で出せる音域が違うのに、引っ張られるようにして高音を出してしまうから自分の苦手な音がまったく分からないのだ。ただ、「高い声が出せたね」というだけだ。

だから、せっかくお金を出してボイトレ教室に通うなら、マンツーマンの授業を勧める。自分の音域と合わないところで練習しても、自分に足りていないことが何なのかが分からない。それに、それぞれに合う方法は違うので自分に合った方法を先生に考えてもらうほうがきっと実りがあるだろう。

ボイトレとは、先生を選ぶところや自分の声質を知るというところから始まっている。塾を選ぶときに「英語に強い！」とか「国公立進学率」で選ぶのと同じようなものだ。自分がどんな歌を歌いたいのか、自分の弱みは何なのかを知らないと、自分に合ったものは選べない。

個人的にはいろんなボイトレ教室で、先生の声質を分かるように動画化してほしいと思っているくらいだ。自分の声を録音して、「あなたの声質に合うのはこの先生！」というマッチングシステムがあったら最高じゃない？

ウォルピスカーター流カラオケの使い方

カラオケでどんな歌い方をするかは人それぞれだと思う。そもそもカラオケはそうやって自由に楽しむものだし、自分なりの楽しさを見つけられるのが歌の魅力でもある。カラオケボックスに行くと、踊ったりタンバリンを振り回したり、自分と違う楽しみ方をしている人もたくさんいて、僕にとっては新鮮な刺激にもなっている。人それぞれの楽しみ方を見ていて気づかされたのは、僕を含めた誰もが上手に歌うことを気にしすぎかもしれないなってことだ。カラオケは誰もが自分の好きな歌を好きなように歌っていい場所のはずだ。上手いかどうかなんて忘れてしまうのも、思いっきり歌を楽しむ方法だと思う。

僕自身もカラオケで上手く歌うことは考えないようにしている。僕の楽しみ方は「自分の出せる高音の限界に挑戦する」ことだ。仲の良い人たちとカラオケに行くときには、どんなに声が枯れようとも高音から逃げてはいけないというのが暗黙のルール。カラオケでは、宅録と違って一曲通して歌うことができるし、思う存分歌詞に浸りながら高音を極めるのが楽しくて仕方ない。

そういうふうに僕が気持ちよく歌を楽しんでいると、一緒にいる人たちのテンションもどんどん上がってくる。歌っている最中に「今、高音出てるよ！」とか

「喉にエンジンついてんのかい！」みたいな、まるでボディビルの大会のような合いの手が入りはじめて、僕の気分もみんなといっしょに上がっていく。

1人で歌っているときは「あと3小節で高音が来るな……」とか「ビブラート3拍伸ばして入れる」などと細かいことを気にしてしまう。歌うのが日常的になって、自分の悪い部分を直すことばかりを考えていると、歌うこと自体がしんどくなってしまうかもしれない。仕事とプライベートのメリハリをつける意味でも、僕にとってカラオケは最高の場所だ。仕事とは違う形で歌を楽しんでいるとき、僕はとてつもない解放感を感じているのだ。

WOLPIS CARTER VOICE TRAINING LECTURE

ウォルピス流ボイトレ講座

世の中で広まっているボイトレでは満足できなかった高音出したい系男子・ウォルピスカーター。日常の中で見つけた独自のボイトレ法を実践して、元々の限界からさらに1オクターブ半も音域を拡張することができた。その方法をご紹介！

お風呂場で発声練習！ 1

浴槽にお湯を張り水中に頭を沈めて発声練習。喉にかかる水圧で筋肉を鍛えられるだけでなく、声が気泡になって出てくるので自分の声量を目で確認できる。いきなり大きな声を出すところから始めると変な癖がついてしまうので、まずは小さい声から練習してみよう。間違っても、水の中で息を吸おうとしないように気をつけて。

2 高音で笑え！

誰かと会話をしているときに面白いことがあったら高音で笑ってみる。そのためには、笑い声が自然に出るような環境を整えることが大事なので、友だちと笑い話をしているときに織り交ぜるのが効果的。僕と同じように、笑い話ができる友だちが極端に少ないという人はお笑いの舞台などに行くのがおすすめだ。

3 身体全体をほぐせ！

時間がある人は足や手の指先までほぐすのがいいが、毎回はやってられないという人は胸から首を重点的にほぐしていこう。最近の傾向として、スマホやPCを使う人が増えたので、姿勢の悪い人がすごく多くなっている。プロスポーツ選手がしている肩まわりのストレッチを参考にしてみるといい。

ポジティブな声をかける

4

ポジティブな声をかけた時とかけなかった時で声のノリが違うことに気がついてから、ライブ前には必ずするようになった。実際に明るく「やれる！」「出る！」と言いながら高音を出していくと、本当に出るようになるので一度やってみてほしい。最初は自己暗示のつもりでも、いつの間にかゴールに行きついているだろう。

エコーに頼らない

5

エコー（リバーブ）は最初から0の状態で挑んでみよう。エコーがあると「歌が上手くなった」という錯覚に陥りがち。エコーに頼らない厳しい環境から始めることをあえておすすめしたい。本当は優しい気持ちで「エコーは段階的に下げていっていいよ」と言ってあげたいが、その辛さを乗り越えた先に何かが見えるはず。

6 人のマネをしてみる

人間の耳は鍛えていないと1音違っていても「似ている音」と判断してしまうくらいおおざっぱなもの。身振りなども完コピしながら歌った声を録音し、マネした歌声を自分で聴いてみる癖をつけるのがおすすめ。違和感を感じたら、何度も聴き直したり歌い直したりしながら、自分の弱点を見つけてみよう。

● ● ● POINT ● ● ●

自分の声を聴くときは スピーカーで

自分の歌声を確認するときには、イヤホンではなくスピーカーを使って聴いてみてほしい。イヤホンから出る音は自分の耳に近いため“いい音”だと感じてしまうが、スピーカーから出る音はよりリアルに自分の声を再現してくれる。スピーカーの中でも僕がぜひ使ってほしいのは、モニター用のスピーカー。家庭用に売られている多くのスピーカーは、音が気持ちよく聴こえるようにイコライザーと呼ばれる加工がされている。一方、モニター用のスピーカーは音がフラットに聞こえるようになっているので、素の声を聴くことができるのだ。ストイックさを求める人はぜひ。

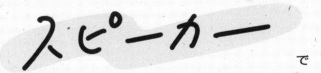

助カルガモ

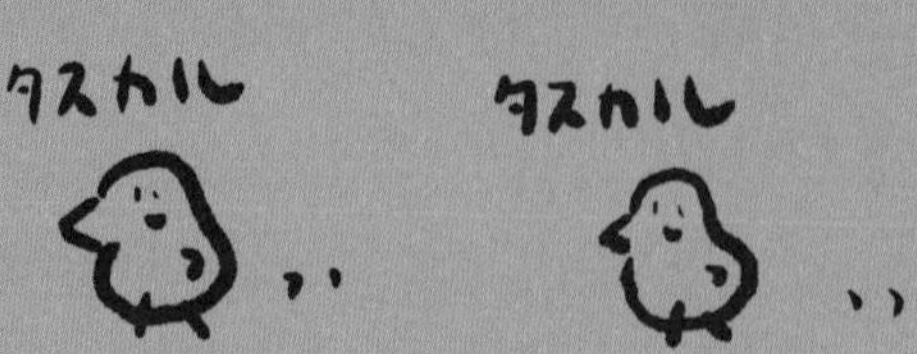

3章

趣味が仕事になるとき——自分の声の可能性

CHAPTER 3
WHEN THE HOBBY TURNS INTO WORK
THE POSSIBILITY OF YOUR VOICE

歌を仕事にできた日

高校生の時に、歌手になりたいという夢を諦めた僕は、ニコニコ動画で「歌ってみた」を趣味でアップしていた。「歌ってみた」というのは、楽曲をカバーした動画をSNSやインターネットに投稿する行為のこと。コメントなども自由にできるし、同じように活動している人がたくさんいる。

歌に関わるような仕事をしたくて、歌の専門学校に進学したのに、授業内容と反りが合わず悶々とする日々。一体どうしたものかと僕は悩みながらも、ただ当時好きだった「歌ってみた」を続けていた。

歌っているうちに、自分の歌い方の癖や高音の出し方、自己流のボイトレを見つけ出して、人に聴いてもらえるような歌になるように、少しずつ改善していったのだ。「こうやって歌っているうちに、有名な歌手みたいに活躍できなくてもいいから、歌でお金を稼ぐことはできないだろうか、と考えるようになっていった。

TwitterなどのSNSを駆使してニッチな仕事を見つけたり、オーディションに出てみたり……それはキラキラした歌の仕事とは言えないけど、好きなことができる幸せを感じるようになっていた。

歌の仕事といっても、多くの人に共感してもらえるようなものじゃなくてもいい。僕は高音に魅了され、高音に特化した歌い手になることができた。僕が、歌を仕事にするようになった頃の話を書いていこうと思う。

歌を仕事にするとはどういうことか

僕が一番最初に歌を仕事にできたのは仮歌入れと呼ばれるものだった。仮歌とは、例えばアニメの主題歌を決めるコンペなどに作曲家の人たちが応募するのだが、そのコンペ用の音源に仮の歌を入れること。

最終的に選ばれたときには、その曲を今度はプロの歌手や声優さんが歌うという仕組みだ。なので僕が録音した歌が世の中に出るということはない。

そしてコンペ形式なので、必ずその作曲家の歌が選ばれるというわけでもないし、選考に通ったからといって僕のギャラが上がるということもない。

当時僕は、Twitterで「仮歌やってくれる人いないかなぁ……」というツイートを見たら、片っ端から「仮歌をやらせてください！」と連絡をしていた。初めて歌でもらったお金は２０００円。

それでも、歌でお金がもらえることが嬉しかったので不満はなかった。歌だけでは食べていけなかったけど、自分の歌がお金になるという実感を得られることに、大きな意味があったのだ。

一時期、ＮＨＫの歌のお兄さんを目指したこともある。どうやって就職するのか調べてみると、採用されているのは学歴の高い人ばかりで、相当に狭き門だった。歌に関わる仕事といっても、歌が歌えるだけではダメ。「歌のお兄さんにはなれない」と悟り、また別の方法を考えるようになった。

全日本アニソングランプリというオーディションにも毎年応募していたが、1回も予選を通過することなく、気持ちよく歌っている音源を毎年送りつける自己満足の行事と化していた。

今思えば、自分が気持ちよくなるだけの歌い方をしていたから通るわけがないと分かるのだが、当時は「なんで通らないんだ……」という気持ちもあった。自分の歌が上手いと思っていると、進歩もないし成長もない。おそらく、今の僕が審査員だったとしても、当時の歌は一次選考でアウトだ。

このオーディションはダンスが必須だったので、歌で通ったとしても上手くいかなかったと思うけど。結局、今の活動が自分にとっては一番合っていたのかもしれない。

事務所からのスカウト

仮歌入れの仕事やオーディションをしながらも、心のどこかでは「就職したほうがいいのだろうか」と考えていた。でも、高校生の頃から決められた時間に毎日どこかに行くというのが苦手だったし、専門学校に通っているうちに、毎日満員電車に揺られて会社に行くというのが、自分にとってはものすごいストレスになると気が付いていた。

みんなが当たり前にやっていることなので、「そんなのは甘えだ」と言われるかもしれない。「やらなければいけないことだと思えばできるはず」と思われるかもしれない。それでも、僕は自分がやりたくないことを続けるほどのモチベーションを生み出せないのだ。

どうにか就職せずに生き抜く術はないものだろうか……と考えていたときに、現在の事務所から声がかかった。CDの発売が決まり、まとまった収入があったことで、一人暮らしすることもできた。その時、僕は「これで就職しなくて済んだ！」と安堵したことを今でも覚えている。

現在の活動を始めてから「好きなことを仕事にできてすごいね」とか、「才能があって羨ましい」と言われることがあるけど、僕からしたら毎日同じ時間に会社に行って、気分が乗らないときも仕事をしていることのほうがすごい。これはバカにしているわけではなく、本当にそう思っている。

しかも、その仕事は僕がしている活動よりもよっぽど社会の役に立っているだろう。僕の歌を気に入ってくれて、応援してくれるファンがいるから今の活動をできているけど、それがなければ僕は今の活動を続けられない。

何かを仕事にするという時点で、誰かに求められたり必要とされなければお金にはならない。それは、僕の活動も会社で働く人たちも変わらないのかもしれないけど、自分にはできないことを当たり前のようにしている人を、僕は本気で尊敬している。

ウォルピス社の原案

2012年、僕はウォルピス社という設定上の会社を設立した。設立のきっかけは、学生時代の友だちに「これからCDデビューをするとしたら、分かりやすい世界観や設定があったほうがいいんじゃない？」と言われたことだった。

当時は、CDデビューという途方もない夢をなんの実感もなく話していただけだったし、そこにブランディングなんて考えは一切なかった。ファンにウケるかも……なんてことより、自分たちが話していてワクワクするようなことで話が膨らんでいったのだ。

その友だちは「親しまれる名前のほうがいい」とか「グッズを売るようになるからキャラクタービジュアルを考えたほうがいい」など、すごく具体的に活動の方針を打ち出してくれた。

現在のライブの形式でもある株主総会という見せ方も「会社を作るなら社長になるんだから、株主総会みたいな形でライブをしたら面白そう」というアドバイスがそのまま生きている。友だちの話を聞いているうちに、僕の気持ちも盛り上がっていき、「実現できたら面白そうだな！」と、勢いで会社を設立したのだ。

とある知り合いの社長に「社長になるために必要なことはなんですか？」と尋ねたことがあるのだが、ものすごく澄んだ目で「やめておきな」とニッコリされたので、僕は実際に社長らしいことなんてしないことにしている。きっと、僕には分からない大変なことが社長業にはたくさんあるのだろう。

唯一、社長のように見えることはライブのときに毎回スーツを着用して歌うということくらい。僕が1年の間でまともな服を着て、小ぎれいな格好にしている貴重な瞬間だ。

就職することを嫌った僕が、ライブで就職の象徴でもあるスーツを着るなんて、人生は何が起こるか分からない。あの頃、「僕が売れたら……」なんて話を真剣に聞いてくれた友だちには感謝を伝えたい。本当にありがとう。

ライブへの苦手意識

歌を仕事にしていて、ライブが苦手というのはなかなか珍しいかもしれない。僕のまわりにも、緊張するという人はいるけど苦手という人はあまりいない。歌を生業にする人は、少なからず自分の歌をたくさんの人に聴いてほしいと思っているから、それが当然なんだと思う。

僕には、下積み時代にライブハウスで誰かに歌を聴いてもらうなどの経験が圧倒的に足りていない。だから、リハーサルですら緊張してしまう。言ってしまえば、度胸がないとんだチキン野郎なのだ。

苦手意識をなくすためにライブを詰め込んだりもしない。僕は自分の精神を守るために用法用量を守ってライブをすることにしているのだ。

ネット特有の環境

僕は主にインターネット上で活動しているので、基本的に人前で歌う機会はライブやイベントなど限られた時しかない。ネットに歌を投稿するとき、何度も録音したものから、より良い音を拾い集めて1曲にしているようなものなのだ。パズルのように、1音ずつはめていくような歌は、ライブには向いていない。

1曲作るのに5日かけたりしているものと、その場の5分間で見せるパフォーマンスが同じになるわけがない。どうしたって、5日かけたもののほうがクオリティーは上がるし、自分の中の最高点を叩き出せる。

1曲を歌い通すよりも、フレーズごとに歌い直すことが多いのもライブとは違う。納得がいかないなら、日を改めてでも納得できる音を録れるのが「歌ってみた」の良いところ。それと同時に、最大の特徴でもあり弱みでもある。「プロなんだから頑張れよ」と言われても、活動の場所や歌の作り方が違うのでどうしようもない。

歌うという行為自体は同じでも生歌が得意な人とは戦うフィールドが違う。それは、同じ球技でもサッカーや野球、テニスなど様々なスポーツがあるくらいの差があるのだ。そのスポーツの中でルールや作法が異なるように、ライブに向いている人と僕はまったく違うということを分かってほしい。

もちろん、僕だってCDと同じような歌をライブで歌えたらどんなに幸せだろうと思う。「ライブがやりたくて仕方ない！」と思える人が心底羨ましいし、僕もいつかそんなふうに考えられたらいいなと思っている。

だけど、録音のときは120％全力で歌っているので、喉に負担がかかってすぐに声が枯れてしまう。あまり長い時間は歌えないのには、そんな理由もあるのだ。自宅での録音であれば、声が出なくなったら明日続きを録音するということもできるが、ライブではそれはできない。

できるだけライブ全体を通して喉が枯れないように、喉に負担がかからない選曲をしているものの、いまだに120％の状態で歌おうとしてしまうのだ。負担をかけない歌い方を習得する人もいるらしいが、僕はまだその域まで達していない。これから少しずつでもライブでの歌い方を変えていかなければ……と模索しているが、自分の納得できるような形になるまでにはもう少し時間がかかるかもしれない。

ハードルを下げるため……というと言い方が悪いが、ライブに来てくれた人には「ライブとCDは違うので、そのつもりで聴いてください！」と堂々と言っている。自分の本来戦うフィールドではない場所で自分を表現するのは難しい。

僕の高音を好きになってライブへ足を運んでくれる人はがっかりするかもしれない。いつもそんな不安がライブ前には襲ってくる。

「歌ってみた」でハイトーンボイスをいつも聴いているファンからしたら、この高さの声が生で聴けると思うのが当然だ。だから、がっかりさせてしまうことが僕のライブでは大前提。

がっかりされると分かっているライブを好きになれるわけもなく、ライブが始まる5分前まで「目を開けたら明日になっていないかな」と思いながら強く目を瞑ったりしているのだ。

ライブが嫌いな稀有な歌手

事務所から初めて声をかけてもらったときに、「高い声が安定しないのでライブはできません」と伝えた。正直、「それならこの話はなかったことに」と言われるかもしれないと内心ドキドキしていた。でもせっかくつかんだ夢とはいえ、ライブで誰も楽しめない時間を作ってしまったら……と思うとこの部分だけは譲れなかった。

そんな僕がライブを初めてしてみようと思えたのは、2017年の頃だった。マックスの高音は常に安定しないものの、音域が拡がったことで以前は安定しなかった音が出せるようになったのだ。

まあ……事務所の人から「そろそろライブをしてみてもいいんじゃないか」という無言の圧力みたいなものを感じなかったわけではないが(笑)。

どうせライブをやるなら、来てくれる人を楽しませたいし、僕もライブを楽しみたい。だから、僕がふざけたライブをしたときに、どのくらいファンの人が受け入れてくれるのか実験しているような感覚もある。

初めてのライブは今でも忘れることができない。見事に歌詞が頭から吹っ飛んでしまったからだ。事務所の人や、バンドメンバーからは「気にならなかったよ」と言われたが、それが生暖かい優しさということは分かっている。何度もリハをしてきたんだから気にならないわけがない。

ライブに絶対はないし、失敗や事故が起こる可能性はいつでもある。それがすごく怖いのだ。今でも歌詞が飛んだ日のことはちゃんと引きずっているし、これからもこの感覚が薄まることはないだろう。


ネガティブなことばかり書いているが、ライブをしている間はめちゃくちゃ楽しい。生歌を聴いてもらうときに、言葉では言い尽くせないくらいの一体感を感じることができるし、自宅で歌っていては絶対にできない経験だ。終わった後の達成感に浸っているときは何物にも代えがたい時間だなと思う。

たくさんの人を実際に目の前にしたとき、ネットで配信した向こう側にこの人たちがいるんだといつも勇気づけられる。

音楽へのこだわり

僕は自分の歌を通して、聴いた人に精神的な何かを伝えたいと思って歌っているわけではない。「現代の若者の不満を代弁するような歌詞を意識しています」とか、自分のこだわっている部分を、分かりやすく表現できたらかっこいいなと思うけど、そんなものはないのだから仕方ない。自分で歌詞を書いている人間にしては珍しいのかもしれない。

自分の高音が好きで、僕の声が一番好きなファンは僕自身だと思っているので、「はやくこの高音で新しい歌を歌っているのを聴きたい」という願望を自分で叶えているだけなのだ。

誤解を恐れずに言うなら、歌詞や意味なんてどうだっていい。僕は高音に浸っていたい。自分の高音をさらなる高みに押し上げていきたい。こんなふうに、自給自足の幸せを生み出す環境にいられて本当に良かったと思う。

楽曲を投稿するときに音楽に合わせて動画を作ってもらうことが多いのだが、基本的なオーダー以外に細かく指示を入れることもないし、クリエイターさんにはできるだけ自由に作ってもらうようにしているので動画に対するこだわりもほとんどない。

出来上がった動画を見て「すごいっすね！」と称賛するしか僕にできることはないのだ。自分の想像を超える動画ができあがってくると、語彙力が低下してしまう。一応、簡単なラフみたいなものは渡すけど、そこから読み取ってかみ砕いてイラストや動画にしてくれるクリエイターのみなさんにはいつも驚かされている。「このラフが、一体どうなったらこんな素敵なイラストに⁉」と実際のやり取りを見ていたら誰もが思うはずだ。それくらい、僕のラフはひどい。

だけど、高音やメロディーに対しては自分のこだわりが抑えきれない。「そんなに細かく直したって誰も分からない」と思われるようなことでもついつい指摘してしまう。

例えば、「成人男性三人組」というユニットで歌うときは、他の人の歌い方にも「ビブラート3回じゃなくて2回にして」とか「バカにしている歌い方に聴こえるから直して」と言うこともある。「バカにした歌い方ってどういうこと？」と相手が戸惑ってしまうこともあるので、伝え方は今後の課題かもしれない。

音以外のことは人に任せられるのに、ボーカル部分に関しては言わずにはいられないのだ。

ハモリが最高に気持ちいい

歌っていて特に好きなのはハモリの部分だ。音の重なりや広がりが豊かで、聴いていていてもすごく気持ちがいい。自分の歌だけでなく、ほかの人が歌っている曲でも、ハモリ部分にグッとくることが多い。とはいえ、やりすぎると緩急がなくて魅力が半減してしまうので、ハモリを入れる場所や回数には気を遣っている。

自分で曲を作っていた頃は、好き勝手に自分のつけたい効果を入れていたけど、人と一緒に曲を作るようになってからは、楽曲制作の人に「もっとハモリの音量を抑えてほしい」とか、「短くできませんか?」と言われることもある。

それでも、ハモリの部分だけは譲らないことが多い。どうしてここにハモリを入れたいのか、それによってどんな効果があるのかを分かってもらうまで説明することもある。

自分で作っているだけなら説明する必要もないが、誰かと一緒に曲を作るなら、自分の意図を言語化できるというのも重要だ。自分よりも経験のある大人たちに囲まれて、自分の意見をきちんと言えることが曲作りには欠かせない。

こだわりがある分ハモリの部分で悩むことも多く、そんなときはまわりの意見をちゃんと聞くようにしている。自分だけで曲を作っているわけではないので、客観的な意見もしっかりと聞く。

その理由を聞いて自分が納得できたり、考えていたものよりもずっと良いアイディアが出てくることもあるので、常に自分の意見を通したいというわけでもない。この柔軟性を忘れないで曲を作ると、自分が楽しむだけじゃなくリスナーの人たちも喜んでくれる一曲ができあがるのだ。

歌っている人間と、楽曲制作をする人間では、曲を聴いたときに気になる部分、フォーカスする箇所が違う。僕は、ボーカルの部分にしか気が向かないけれど、楽曲制作の人はバンドの音や流れを重視しているので、それぞれが自分の守らなければいけない分野に責任とプライドを持つことで、珠玉の一曲が生まれるのだ。

昔の僕だったら、自分の考えを優先していただろうし、他人が自分の歌ったものに意見を出してきても素直には聞けなかっただろう。だけど、相手だって僕のことを困らせようと思っているわけではない。僕の歌がより多くの人に届くように、より良いと思ってもらえるように意見を出してくれているのだ。そうやって、相手の仕事をリスペクトできるようになったのも、誰かと一緒に曲を作るようになってから学んだとても大切なことだ。

こだわりは蛇足のようなもの

ボーカル部分を録音し終わったあとは、音やリズムを整える工程へと入っていく。前の章でも書いたが、世の中に出回っているCD音源の多くはこの工程を通って、みなさんの手元に届いているのだ。

この工程で、曲全体にリバーブと言われる効果（カラオケでいうとエコーのような効果）を付けることが多いのだが、僕はそれを極力小さくしてもらうようにしている。

それ以外にも、「この箇所の一音だけボリュームを調整したい」とか、「もっとステレオっぽく響かせて」など、指示は多岐にわたる。効果を足し引きしながら自分の理想を作り上げていくのは細かい作業になるが、自分の名前で作る曲だから僕が好きな楽曲に仕上げたいという気持ちが湧いてきて、口を出さずにはいられないのだ。


よく、「物を作るんだからこだわりがあったほうがいい」と言われることもあるけど、こだわりはあってもなくてもいいと思っている。こだわりがあるから世の中に受け入れられる曲ができるわけでもないし、こだわりが邪魔をして売れるはずの曲も売れないということもあるからだ。

自分でも、蛇足のようなものだというのは分かっている。それでも、こだわりが捨てられないのは僕が自分の歌声の一番のファンだからで、自分が聴きたいと思う曲を作れる立場にあるからだ。

曲の細かい調整が終わり、スピーカーから流れる新曲を聴くたびに「高音がたまんねぇな！」「ハモリが完璧すぎる……」と自画自賛している。その道のプロたちと一緒に作ることで、僕の満足度は格段に上がっているのだ。

今も自宅で録音する理由

「歌ってみた」を始めた頃は、布団をかぶりながら音が漏れないように録音していたが、現在の録音環境はそれとは雲泥の差だ。家の中に防音室があり、専用のマイクや機材が並んでいる。電子機器が多いせいで夏場は暑くて仕方ないが、そんなの些末な問題と思えるくらい快適な環境を手に入れた。

ＣＤまで出しているのに、なんでいまだに自宅で録音しているの？と思う人もいるだろう。僕も、スタジオで録ったほうが音質がいいんじゃないかと思って2

回ほどチャレンジしたことがあるのだが、自分には合わないと分かったのだ。

まず、1曲を録りきるために1日何時間も、アルバムとなればそれも連日スタジオで歌い続けないといけないのだが、僕にはこれができない。前にも書いたが、高音を出し続けないといけないし、全力で歌ってしまうという癖のせいで1時間くらい歌うと声が枯れてしまう。

回復するために2時間くらい休憩を挟みたいところだが、まわりの大人たちをその間ずっと待たせることになってしまう。申し訳ないと思いながら頑張って歌い続けたこともあるのだが、結局80％くらいの出来にしかならなかった。

そんな時間が積み重なって、結果的に自分が納得できるようなものは完成しなかった。歌える時間に対してかかるスタジオ費用も大きく、僕の録音方法にあまり合っていないのだ。仮にスタジオを8時間借りたとしても、そんなに歌い続けられないというのは、コスパも悪ければ精神衛生上もよろしくない。

次に、やり取りのロスが多いのも課題だった。自分の家で録音しているときは、「今のダメだったな……」と思ったらすぐに削除して録り直せるのに、スタジオでは確認待ちという作業が発生する。絶対歌い直しだと分かっているのに待たなければいけないのは結構ストレスがかかってしまう。

これは僕の心が狭いのかもしれないが、スタジオにいる人たちは僕の歌を聴いた後で、NGの部分に対しても「今の良かったです」とほめ言葉をかけてくれる。自分ではダメだと分かっているから、そういう大人のマナーに困惑してしまうのだ。

OKが出たものの中に納得ができていない音源が並んでいくと、「あぁ……あのフレーズを歌い直したい」と引きずってしまう。でも、まわりの人がこれでいいと思っている中でそんなことを言うのは迷惑か、などぐるぐるとした葛藤が沸き起こってしまう。自分のこだわりを捨てなくていいところで捨てなくてはいけないのも、とてもつらいのだ。

スタジオの機材を扱っている人にも、ポリシーの強い人がいる。昔ながらの考えを持っている人は、ミキシングの作業をしているときにピッチ補正をしたがらないのだ。そういう人たちの考えが理解できないわけではない。もちろん一昔前にはそんな（ソフトでピッチ補正する）技術はなかったし、ピッチ補正をせずにそのままの質感を活かしたい、ということなのだろう。もちろん、僕だってできることならそうしたい。

でも、僕の歌はピッチ補正をするのを前提にして録音しているので、それがないとCDにはできない。「このままだとひどいものができてしまう……」と不安になりながら録音を進めていくのは苦痛でしかない。

この苦痛を少しでも減らすためには、いろんな人の時間を奪い、信条を曲げさせなければいけない。その中ではひどい言い方をしてしまうこともあるだろう。僕は、そんなことで人と衝突するくらいなら、自宅で録音したい。この方法が誰も不幸にならないで済むし、なにより自分の精神が安定するのだ。

最後に、レコーディングスタジオで録音すると音質が良いと言われている点に対しても、僕の歌はそこまで左右されないということが分かった。もちろんクラシックやオペラなどの場合は、広い空間でレコーディングする恩恵も十分あるだろう。残響まで含めた音の豊かさがきちんと音源に反映されるので、家での録音よりも絶対に良いものが録れる。それは僕の実感としてもちゃんとある。

でも、僕のようにたくさんの音が入るような曲を作るときは、その効果を実感できなかった。音質の良さは、家の防音室でも引けをとらない。ストレスも溜めることなく、誰にも迷惑をかけない環境として、自宅で録音しているのにはこんな理由があるのだ。

だけど、実際にスタジオで録音してみて、後悔よりはやって良かったと思う気持ちのほうが大きい。自分に合うものだけじゃなく、合わないものを理解するのも同じくらい大事なことだ。その理由がはっきりしていれば、自分のやり方に自信を持つこともできる。

僕も、やってみるまでは「スタジオのほうが設備が良いはずだ」と思っていたし、クオリティーの高いものを作るためならスタジオ代も惜しくなかった。だけど、人の日を気にしてクオリティーが落ちてしまったり、自分が心地よい状態で歌えないなら、それは僕にとって必要がない。

一般的に「良い」と言われている環境が自分にとって良いものとは限らない。世の中の当たり前を疑って、自分に合うものを選び取っていくことが歌を仕事にするときに必要なことかもしれない。

歌をビジネス的に考察する

昔の僕は、上手い歌を歌えば売れるという神話を信じていた。もちろん歌が上手くて有名になる人もいるけど、世の中で受け入れられている曲の中には〝上手さ〟が伴っていないものも多い。そういう曲をバカにしているわけでもなく、こんなの間違っていると言いたいわけでもない。

現実的に見て、「なんでこの歌が人気なんだ?」と思う曲がみなさんにもあるだろう。そんな曲を、僕も高校生くらいの時にたくさん聴いてきた。歌詞はよく分からなくてもテンポが好きとか、時代で流行った考え方を歌詞に落とし込んでいるとか、歌よりもダンスが上手いことで注目を集める人もいる。人の好みはそれくらいに幅が広い。

だけど、それは決して悪いことじゃない。売れるために必要なのは歌唱力だけではなく、世の中に受け入れられる曲を作ること。その方法はなんだって構わないし、売れる歌というのは売れるべくして売れていると今では思っている。

自分の好きとウケるは違う

今思えば、一人で曲を作っていたときは「分かっている人だけが好きになってくれたらいい」と思っていた。でも、誰からも指摘が入らない状態で曲を作っていると、変なとがり方をしてしまう。そのとがった部分を「好きな人は好きだよね」と解釈されていくのは当たり前だ。

もちろん、とがった部分をそのままの状態に世の中に出して受け入れられている人は大勢いる。でも、全然売れなかったり見向きもされないという人の中にも、客観的な意見さえ取り入れられれば成功する人も大勢いると思う。

僕が言いたいのは、自分を殺せということではない。人の言いなりになれということでもない。そのとがっている部分をより大衆受けするように作ることが、商品として売り出すためには絶対に必要だし、そのためには客観的に見て修正してくれる人の力が重要になる。0か100ではなく、自分のこだわりとまわりの言葉をすり合わせて自分だけの正解を見つけてほしい。

自分の歌が絶対的に良いものだと思っていると、人の意見を取り入れたり自分とは正反対の考えを受け入れられなかったりする。正反対の考えを持っていても売れるものを作れたり、自分のとがった部分を上手く調整したりする術を知っている人もいるのだ。自分と異なる意見を持つ人は敵じゃない。言われたことを上手く解釈して、自分なりに表現を変えていくだけでいいのだ。

自分の歌を人に聴いてほしいと思っている人は、僕も含めてたくさんの人に広がってほしいと思っているはずだ。だけど、つい自分の歌を肯定するために「好きな人が好きでいてくれればいいや」とちょっとかっこいいフレーズに寄りかかってしまう。そういう考え方では、自分の歌をたくさんの人に広げていくことはできないだろう。

もし僕が、昔のまま歌い続けていたらきっとCDを出すことも、今回のような書籍を出す機会もなかっただろう。歌うことが次の活動に繋がって、より多くの人に自分の存在を知ってもらえる。そんな広がり方もまた良いものだと思う。

僕のブランディング

ウォルピスカーターという存在も、言ってしまえばプロモーションの一環になっている。本当は僕だって「おはよう！　今日もいい天気だね」と何でもないようなことをSNSでつぶやいてみたい。でも、そんなウォルピスカーターは求められていないと分かっているからしないだけだ。

良くも悪くも「こんなのウォルピスカーターらしくない！」と思われるような

ことはしないようにしている。たまに、Twitterでつぶやいて全然反応がないときなんかは「あれ、間違った？」と気にするくらいだ。

ファンの人は知っていると思うが、僕は流行りの歌をあまり歌わない。「流行りのこの曲を歌ってほしい」とリクエストを受けることもあるけど、そのコメントが存在しなかったかのように振る舞っている。これは僕のこだわりで、流行りに乗らないという信条を昔から大切にしているのだ。

選曲に関してはファンの要望に応えられない。だからこそ、SNS上ではウォルピスカーターのイメージをできるだけ合わせていこうと思っている。そうやってバランスを取ることで、自分がこだわりを持っている部分を許してもらおうという魂胆だ。

とはいえ、僕が思ってもいないようなことをつぶやいているわけではない。ウォルピスカーターが言ったらおもしろそうなことを、キャラに合った言い回しで書いているというくらいだ。

流行りの歌でものすごい再生回数を叩き出す人もいるのだから、積極的に取り入れるのもひとつの戦略だと思う。自分を知らない人に存在をアピールするなら、みんなが知っている曲を歌うのが当然の発想だ。

でも、僕にはどうしても流行りの歌と距離を取りたい理由がある。この話については次の章で書いていくことにしよう。

仕事の縁が広がる

「歌ってみた」を始めて、僕は仕事の縁が広がった。それは、単純に歌以外の仕事というだけではなく、仲間と呼べる人たちが増えたのも大きい。

中学生の頃に「歌手になりたい」という夢を人に話すのが恥ずかしかった僕が、今では声や歌に関して語り合う仲間ができた。自分と同じように頑張っている人が身近にいるのは、とても刺激になる。自分一人だったら、こんなに頑張れていたか分からない。

違うジャンルで働くイラストレーターや動画制作者などの交友関係も増え、同じモチベーションで作品に向き合ってくれる人がいるのは幸せなことだ。その道のプロに自分の楽曲を作ってもらえるのも、昔では考えられなかった変化のひとつ。歌が繋ぐ縁が、現在の活動を支えてくれていると言っても過言ではない。

ハイトーンボイスの仲間たち

僕がハイトーンボイスを出せるようになりたいと思っていた頃、まわりに同じような志を持った仲間ができた。その人たちはみんな夢を持っていて、悩んだら相談に乗ってもらうこともあった。

歌のことを何も知らない人に相談するとしたら、1から順番に説明しなきゃいけないところも、少し話しただけで「あぁ、分かる！」とすぐに理解してもらえるのでストレスなく話ができるのが嬉しかった。

お互いに夢を持ち、同じような悩みを抱えながらも切磋琢磨できた仲間たちには本当に感謝している。活動を始めた頃は、まわりに「歌で食べていきたい」と公言する人もいなかったので、自分だけが浮いているように感じていた。でも、自分と同じ考えの人たちと一緒に過ごしていると、「自分だけじゃないんだ」と思うことができて、居心地が良かったのだ。

頑張っている姿を知っているからこそ、アドバイスを受けても素直に聞くことができた。もし、僕と同じような活動をしていない人に似た内容のことを言われても、「お前に何が分かるんだ！」と突っぱねていただろう。人の意見を素直に聞ける環境があったのは、今の自分に繋がる大事な要素だ。

同じ時期に活動を始めた僕の同期は、ほとんど脱落していない。そして、その中の半数以上がデビューを果たしそれぞれの道を歩んでいる。これはなかなかの成績で、みんなが諦めずに夢を追い続けられるのは、身近に頑張っている人がいるという心の支えがあるからだと思っている。

もし、自分の夢を分かってくれる人がまわりにいない人は、SNSで自分のコミュニティーを探してみるといい。僕の同期はそのほとんどが「歌ってみた」を始めた頃にSNSで繋がった縁だ。それが、今でも続いている。SNSだからといって関係が希薄になるわけでも、支えあえないわけでもない。自分からその縁を繋ぎにいく努力を忘れないでほしい。

ラジオ番組デビュー

現在、NACK5で『ウォルピスカーターの社長室からお送りします。』というラジオ番組をやらせていただいている。元々、歌以外で声を使う仕事をしてみたいと思っていたので、ラジオパーソナリティーのオファーがあったときは嬉しかった。

ラジオの中では、できるだけ聞いている人が楽しめるように、話している声も高音にしている。話している内容も真面目な話なんてほとんどない。気楽にふざけてただただ楽しいだけのラジオになっている。歌っている時とは印象が違う自分をアピールできるというのもなかなかおもしろいものだ。

僕は昔から話すのが好きで、「誰かに自分の話を聞いてほしい」と思っている。だけど、人と会う約束をしたり実際に対面で話したりするのは苦手という、なかなか厄介な人間なのだ。

そんな僕にばっちりハマったのがこのラジオのお仕事。リスナーたちとやり取りできて、自分の考えもきっちり話せる貴重な空間。

人と話すのが苦手。でも会話は好き。という一見両立できなそうなことも、探してみると身近にあるものだ。そして、そんななぞなぞみたいなことでも人に伝えておくと僕に合うようなお仕事を見つけてきてくれるのだ。マネージャーさん、ありがとう。顔出しもしていない僕にぴったりの仕事よ。


そして、新しく始めたお仕事から派生して、やったことのないジャンルへの挑戦も広がっていく。ラジオ番組のディレクターさんに「なにかやってみたいことはない？」と言われたことがあり、「声優の仕事をやってみたいです」と答えたのだが、なんとそれがラジオの企画に採用されることになった。

しかし、その内容は僕が思っていた声優の仕事とはまったく違うふざけたボイスドラマだったのだ。ふざけた、といってももちろん良い意味なんですけどね。年に1回の恒例行事となっているが、とても楽しんでいる。

得意の高音を生かしながら発狂したり、日常会話では絶対に使わないだろうというようなセリフもバンバン出てくる。セリフを見ながら、「このセリフもう一生言わないだろうな……」なんて思うようなものもあるので気恥ずかしさは捨てなければ成立しない。どれだけ本気でふざけられるかを真剣に考えているので、ふと我に返ると気持ちがサッと引いてしまう。どれだけその設定にのめり込めるか……これが今後の課題になってくるだろう（笑）。

もし、聴いたことがないという人はぜひ聴いてみてほしい。いつもとは違ったウォルピスカーターが知れるはずだ。

WOLPIS CARTER SONGWRITING REPORT

楽曲制作の裏側

歌い手が、どんな様子で楽曲やMVを作っているのか……あまり知られていない楽曲制作の裏側を公開！　オリジナル曲『シ・シ・シ』で実際に行なわれた作業なども紹介しながら、制作のポイントを解説していこう。

1 打ち合わせをする

ウォルピスカーターの曲作りは、まず打ち合わせからスタート。ウォルピスカーター本人、スタッフ、マネージャー、そして作曲をほかのクリエイターに依頼する場合は作曲家が参加。最近ではオンラインによるミーティングも増えている。タイアップ曲の場合は先方からのオーダーや曲のイメージを確認しておく。

FACE TO FACE

ONLINE

2 曲を依頼

基本的にはウォルピスカーターから楽曲に細かい注文を出すことはしない。それによってクリエイターのチカラを最大限に引き出す。高音域について配慮してくれるクリエイターも多く、○○さんのこの曲ならこのキーまで出せる、というように具体的に相談。

しばらくして楽曲のデモが到着！その後…↓

3 ワンコーラス分の詞を書く

サビまで含めたワンコーラス分のデモ楽曲ができあがった段階でその音源をもらい、ウォルピスカーターが作詞に着手。曲の骨格がわかる音源をもとに、全体をイメージしながら歌詞をあらかじめ書き進めておく。曲の修正があることも多いので、そこは臨機応変に。

4
フル尺の音源に合わせて全体の歌詞を書き上げる

フル尺の音源が届いたら１～２週間で歌詞を書き上げる。ウォルピスカーター的にはここが一番大変な作業。『シ・シ・シ』は日本語的におかしい、でもダサくない、絶妙なラインの単語を作るのが難しかった。歌詞を書く時には酒を飲まないが、青春系の歌詞だけは執筆中に我に返らないように、飲みながら書くこともある（笑）。

歌詞は大体10日間くらいで書き終える！

5
いざ、ボーカルの録音

録音の時に大事なのは「この曲に合った歌い方はどういうものか」を模索すること。ワンコーラス分を仮で録ってみて、それを聴きながら明るすぎとか暗すぎみたいなニュアンスを調整し、第三者の意見も参考にして本テイクを決めていく。最近だとワンコーラスを400テイク録ったけど、仮歌も本番も力の入れ具合は同じ。

6 ミキシング

フル尺の音源で歌を録音しつつ、曲の構成やテンポなどのアレンジを作家さんに詰めてもらう。ウォルピスカーターは一日で録音を終わらせるタイプではないので、歌入れしながらのアレンジ変更もよくある。ボーカルの録音が完了したら、楽器やリズム、シンセサイザーなど様々なトラックと一緒にミキシングで一体化。ボーカルの細かい処理もこの時点で行う。

7 マスタリング

曲の音量や音質を調整したり、音圧を規定値に収めたり、CDや配信でみなさんの耳に届く一歩手前の「整える」作業がマスタリング。基本的にはスタジオでエンジニアにお願いするが、今は個人でマスタリングができるシステムもあるので、ウォルピスカーターが自宅でマスタリングをすることもある。

楽曲はこれで完成！

8
動画を依頼

動画制作時にまず決めるのがイラストで、そのイラストを楽曲とどう合わせるかを協議。1枚のイラストに歌詞を載せるのか、アニメのように動きをつけるのか、複数描いてもらうならどんなイラストがどれだけ必要なのか、など考えるべき点は多い。

動画も音楽と同様、ワンコーラス分が先にできる！

9
方向性のチェック

イラストや動画制作を依頼する時に細心の注意を払っているのが、ウォルピスカーターの頭の中にあるイメージをクリエイターと共有すること。方向性をしっかり確認するために、イラストレーターにその場でラフを描いてもらうこともある。『シ・シ・シ』でも、寿司をつかむ手のポーズなど細かい部分をラフで確認している。

10

全体の動画が完成！

動画が完成したら、映像の中に入れた歌詞に間違いがないか、映像の動きと歌が意図したとおりに噛み合っているかなどをチェック。クリエイターとのイメージの共有がしっかりできていたのか、答え合わせをする瞬間でもある。

11

ティザーカットを作成する

ティザーカットとは告知用に使うショート動画のこと。完成したフル尺の動画をベースにして、Twitterなどにアップできる10〜15秒程度の動画を作る。ティザーには公開日時や楽曲情報など必要な項目を盛り込みつつ、短い尺でもインパクトのある動画を目指す。

実際にできた
楽曲がコレ

さぁ、投稿しよう！

家宝にシロクマ

4章

1オクターブ上の世界へ――自分の声の居場所

CHAPTER 4
TO THE ONE-OCTAVE-UPPER WORLD
THE BEST PLACE FOR YOUR OWN VOICE

マイノリティーとして生きてゆく

前の章では売れる歌と売れない歌の違いを説明したが、僕は普段、流行りの歌を積極的に聴くことはない。流行るものにはそれなりの理由があるのだから、その傾向をつかむためにも押さえておくに越したことはない。それは分かっている。流行っているものを知らないと、人との何気ない会話にも入っていけないし〝遅れている〟と思われることもあるだろう。

流行りの歌はジャンルも様々で、それを聴いているだけでも多くの音楽に触れることができる。僕も、高校時代には今歌っているようなジャンルとは違うものをたくさん聴いてきた。そこで経験したことも、きっと今に生きている。

そんな僕が、なぜ流行りの歌を聴かなくなったのか。そして僕が歌い手として立っている場所がどこなのかを順を追って説明していこうと思う。

流行を追いかけるのは疲れた

高校の軽音楽部に入ったとき、まわりの部員のほとんどが洋楽好きで、僕の好きなＪポップについて話してもあまりいい印象を持たれなかった。

まわりの友だちが好きな洋楽の話で盛り上がっている姿を見ていると羨ましい気持ちが湧いてきた。若かりし頃の僕は、自分もみんなと同じように流行りの歌を聴けば、音楽の話ができるのかもしれないと思い、友だちから薦められた洋楽を聴くようになったのだ。

紹介された洋楽は、当時流行っていたハードコアやデスメタルなどのジャンルばかりで、軽音楽部で演奏する曲も自然とそういうものが多数派の意見によって決められていった。

薦められた曲の感想を次の練習時間に話すと、僕よりもそのジャンルに詳しい人たちが「このフレーズのドラムの裏打ち最高だよね」と、僕が分からない話に発展していって、結局僕だけがその話から取り残されてしまうということがよくあった。

音楽について語りあうためにわざわざ他人の趣味に興味を持ったのに、そんなことくらいでは追いつけない熱量がそこにはある。その人たちに負けないように、自分の好きな曲のことを語れば良かったのかもしれない。

でも、取り残されてしまう不安や自分が少数派なんだという感覚があったので、必死にみんなが好きな曲を追いかけることにしたのだ。流行りの曲を知らないと、誰とも音楽の話ができないと思い込んでいた僕は、こうして自分が好きでもないジャンルを延々と聴くことになる。

だけど、流行りというのは移り変わりゆくもので、話が盛り上がっていたはずの音楽が2週間も経てば違うものへと変わっていく。薦められた音楽の何がいいのかを自分なりに考える時間なんてほとんどなく、ただ人が良いと言ったものを聴くだけの毎日。自分の好きな音楽を聴く時間は極端に減り、ただ薦められた音楽についての理解度を高めるために多くの時間を費やしていたのだった。

こんな生活を3年間続けているうちに、目まぐるしく変わる流行の波に乗るのに疲れてしまって、ついに僕は流行を追うのをやめた。

流行を追い求めなくなってからは、自分の好きな曲を聴いて音楽への理解度を深めることができた。どうせ流行りを追ってもまともに会話ができるほどの理解度が手に入らないなら、自分の好きな曲や歌を聴いていたほうが満たされる。僕が今でも流行を追わないのは、この軽音楽部での経験が大きいのだ。

思えば、流行についていけない性格はいたるところに滲み出ているのかもしれない。小さい頃は学校で「昨日のドラマ見た？」という話にもほとんど参加できなかったし、流行りのゲームにも興味がなかった。つい2週間前くらいに初めてワイヤレスイヤホンデビューしたのもそうだ。「これすごく良いんだよ！」と人に紹介した頃には「今さらじゃない？」なんて笑われることにも慣れた。

だけど、軽音楽部でいろいろなジャンルに触れられたことは僕にとって良い経験だったと思っているので後悔しているわけじゃない。様々な歌い方を知って、力強く聴こえるのはこういう歌い方なんだというのも分かったし、大人になってから「当時はデスメタルが流行ってて……」という話にもついていける。例えるなら、テストで100点取れたのは嬉しいけど、テスト勉強は死ぬほど嫌いだったみたいな感覚に近いのかもしれない。

ミーハーは人間のあるべき姿

昔は、流行を気にしてばかりいるミーハーの人たちが苦手だった。流行りの歌を聴いて「この人のキャラがすごく好きなんだよね」と言っている人に「キャラじゃなくて歌の良し悪しで判断されるべきだ」なんて思っていたこともある。だけど、前の章にも書いたように良い歌が売れるとは限らない。その人のまとっている雰囲気や、歌とは関係ない分野で評価されることもたくさんあるからだ。音楽の構成やメロディーライン、その人がSNSで発信している内容から人気が出ることだってある。

ボーカルの歌い方や技術の部分は、実際に歌っている人にしか分からない部分も多い。自分が「この歌い方すごい！」と思っていても、まわりの人には感覚的に伝わらないこともある。そういうことが、いろんな歌を聴くうちに変化していって、今となってはミーハーは良いものだと思っている。僕は流行に乗ることはできないけど、だからといってミーハーの人を叩くつもりはまったくない。

流行っているものを的確につかみ取る能力は、音楽だけではなく日常生活でも役に立つ。初対面の人と話すときに、いきなり突っ込んだ話をするよりもお互いに知っていることを話したほうが良いコミュニケーションに繋がることもある。ビジネスの場で、「今日は良い天気ですね」と話すのと同じなのかもしれない。

それは、人間が他人と上手くやっていくために見つけた処世術みたいなもので、人と関わる以上とても大切なことだと思う。だから、ミーハーでいるというのは、人と上手くやっていきたいと思う人の正しい姿なのだ。


僕はミーハーへの考え方が変わって良かったと思っている。音楽に絶対的な正解もないと分かったし、自分が好きではない音楽も受け入れられるようになった。30歳を超えると、人の価値観はそう変わらないと聞いたことがある。30歳になる前に、少し引いたところから音楽を見られるようになったおかげで、歌に対する解像度も上がった気がする。

流行から離れて心が救われた

流行を追わずに自分の好きな歌ばかりを聴いていたときに気がついたことがある。それは、僕が聴きたいのは音楽じゃなくて〝高い声〟なんだということ。自分の好きな音楽を探して、自分で歌って世の中に発信する。それが僕の理想の世界だった。

今では、もっと高い声を出したいと当たり前のように言っているが、そんなことにすら気がついていない時期があったのだ。自分の方向性がマイノリティーに属していることは分かっているけど、同じものを好きな人や流行に乗らないと心の中で思っている人はきっといるはず。そう信じて、僕は自分の好きな歌だけを歌うようにしている。

実際に僕のリスナーには「ウォルピスカーターは流行りの曲を歌わない」という共通認識がある。だから、初見の人がやってきて「流行りの歌を歌ってください」とコメントを残しても、昔からのリスナーはしれっと「この曲がおすすめです」と流行りとはまったく関係ない音楽を教えてくれることがあるのだ。マイノリティーなコミュニティーが着々と広がっているのを見ると、僕の居場所のように感じて安心できる。

流行りの歌を歌わないのにはもうひとつ大きな理由がある。僕は、自分の歌を投稿するとき「僕は好きだけどみんなにはウケないだろうなぁ」と思いながら投稿している。こうすることで、自分の自尊心を守っているのだ。

例えば、僕が流行りの歌を投稿するとしよう。それが予想とは違って全然受け入れられなかったら、「ウケるはずなのに……」とか「僕だからダメなのか？」と悩んで僕のメンタルはズタズタになってしまう。

それなら、2015年くらいの曲を歌ったほうが「好きなものを形にできたからウケなくても良しとしよう」という逃げ道ができるのだ。流行らないと思っていれば、人に受け入れられなくても傷つかなくて済む。これが僕の処世術なのだ。

折れやすい心の守り方

「歌ってみた」を始めてからいろんなコメントをもらうことがあって、その中には結構グサッとくるものもあった。Twitterなどに集まるコメントの中にも、最近は少なくなったけど、怒りが沸点に達するものもたまにくる。「そんな活動をしているんだから、耐性がついているでしょ」と思う人もいるかもしれないが、実際の僕は意外にも繊細な人間だ。

今まで読んできた内容や語り口から、人の言うことなんて気にしない人なんだというイメージを持っているなら、今すぐゴミ箱に捨ててほしい。僕は劣等感の塊と言ってもいいくらいまわりにいる人のことを気にするし、自分よりも優れているところを見ると震えるくらいに嫉妬する。自分の心を守るために、誰よりも自分に優しくすること、そして自分を大切にすることを心がけているのだ。

初めての投稿は12再生

「歌ってみた」の投稿を始める前は、「僕が動画を投稿したら、今活動している人よりも人気者になれるはず」という根拠のない自信を持っていた。おそらく、歌うのが好きで人に聴いてほしいと思って動画投稿を始めた人は、ほとんどの人がそういう気持ちで始めていると思っている。

でも、現実は甘くない。初めて投稿して、１日で再生された回数は驚異の12回。僕は、この時心が折れないように「簡単には数字が出ないものなのだな」と自分に言い聞かせながら投稿を続けた。ここで歌が下手だから誰にも聞いてもらえないと思っていたら、早々に投稿をやめていただろう。その結果、ＣＤを出せるようになり、自分の高音をほめてもらえるような環境にたどり着くことができたのだから、自分の気持ちをプラスの方向に保つのはすごく大事だと実感している。

数字を気にしなくなってからは、録音すること自体が楽しくなっていった。知らない世界で、自分の歌が少しずつ変化していくことが楽しんで続けられるモチベーションになるのだ。誰のために歌うわけでもなく、自分のために歌う。それが、僕の支えとなった。

当時、アカウントの数字が伸び悩んでいる人たちの間では、再びアカウントを作り直して今までの歌をアップすることが流行っていた。それにより、「期待の新人だね」と言われたり、「初めてでこのクオリティーはすごい」といった嬉しいコメントが届いたりするのだ。このシステムは当時〝転生〟と呼ばれていた。

だけど、後々になって転生しているのがバレて「初投稿詐欺だ！」とたくさんの人から叩かれる現象も生み出すことになっていった。幸い、僕は数字を気にしなかったおかげで転生することもなく、初投稿詐欺が叩かれはじめた頃になって「転生しないなんて一周回って潔いね」なんて言われることになった。

きっと、転生を繰り返した人も心の中では有名になりたかったのだろう。でも、同じ「歌ってみた」を投稿する人たちの中に、1日で100万再生という記録を叩き出す人を見て疲れてしまっていた。「なんで同じようにやっているのに僕だけ伸びないんだ」という嫉妬心で悩んでしまう。それならば、「僕はこんなものしか出せないので許してね」くらいのテンションで続けているほうがずっと気がラクだった。

数字に固執していた人たちは、思うように数字が伸びない現実を突きつけられて、次々にやめていった。だけど、その背景には数字以外にも問題があったのだと思う。自分の歌いたい曲よりもみんなに観てもらえる曲を選ぶうちに、「歌ってみた」がやらなきゃいけないものになってしまうのだ。昔、もうやめてしまった人からそんな話を聞いたことがある。

僕が数字を気にしないのは、「歌ってみた」を仕事化しないためでもある。僕は趣味の延長線上で歌っていたい。この本では形式的に仕事という書き方をしている部分もあるけど、僕の心持ちとしては、できるだけ歌を仕事と思わないことでいつまでも楽しんで歌っていたいと思うのだ。

コミュニティーを小さくする

専門学校に通いながら「歌ってみた」を始めてしばらく経った頃、何を血迷ったのか「現実とネットの世界に自分の席が二つあるのは良くない！」と考えていた。今思えば、なんの支障もないし変な思い込みだと思う。

だけど、当時は本気でそう思っていたので母と兄、ネットで知り合った人の連絡先のみを残してあとはすべて携帯から削除した。背水の陣を敷くように、大切なものをそぎ落とすことで、何かを得られるような漠然とした気持ちが根底にはあったのだと思う。

僕は心が弱いから「まだ逃げられる」と思っていると、追い詰められたときにラクなほうへと行ってしまう。現在も、基本的には自分がつらい思いをしなくて済むようにいろんなことをコントロールしているのだ。だけど、この時の僕は自分で退路を断った。それが、当時の僕が判断した自分に必要なことだったのだろう。


この決断によって、僕は友人関係を見つめ直すことができた。これが、結果的に良かったと思える。あるとき、仲の良い人と遊んだ様子をTwitterにアップし、「○○さんと仲が良いんですね」というコメントが送られてきた。

その時には何も思わなかったのだが、しばらく友だちとの写真を載せないでいると、「○○さんとけんかでもしたんですか?」と友人関係について遠慮なしに立ち入ってくるコメントがやってきたのだ。

写真をアップしなくても実際にはよく会っている人なのに、それを写真として投稿しないと仲が悪くなったと思われてしまう。誰かに友だちの証明をするために遊んでいるわけではないからシンプルに居心地が悪い。

SNSを使っていると、誰かとの絡みがない＝人気がないと思われてしまう。だけど、「フォロワー○人の人と遊んだ」という数字を気にした状態で、友だち関係を広げていくのは不健全だ。


友人関係を小さくしたのにはもうひとつ理由がある。それは、僕の嫉妬心を抑えるためだ。例えば、僕の友だちが知らないところで違う人と遊んでいるとしよう。その写真を後日友だちがTwitterなどにアップしているのを発見すると、「なんで僕のことは呼んでくれなかったんだろう……」と気にしてしまうのだ。

だけど、そんなことを相手に言ったところで迷惑そうな顔をされるのは分かっている。でも、反射的に「嫌だ！」と思うのを抑えられない。それならば、友人関係をできるだけ小さく保って、自分がつらい思いをしないようにしたいのだ。

中の下の僕が贈る歌

僕には、分かりやすいコンプレックスはない。でも、高校1年生の頃になりたかった歌手という職業を諦めたことで、自尊心が折れたのは確かだった。なりたかった職業を諦めるということは、みんな経験していることなのかもしれない。でも、みんなが同じ経験をしているからといって気がラクになるわけではない。ちゃんと痛いし、しっかりと希望は折れたのだ。その事実はまわりと比較したところで変わるようなことではない。

一度自尊心が折れてから、僕は「自分には世の中で一番になれるような才能はない」と考えるようになった。自分にしかできないことなんてないし、どんなジャンルを極めたとしても、そこには自分より優れている人が絶対にいる。言ってしまえば、何をしても中の下くらいの才能しかないのだと思う。そんなふうに考えると少し寂しい。でもだからこそ〝中の下の才能しかない僕ができること〟はなんだろうと考えるようになったのだ。すべては、自分の立ち位置を認識することから始まる。それができなければ、自分を正しく評価することも目標を立てることもできない。先に進むためには自分が傷つくことも受け入れていかなければならないのだ。

歌を仕事にするようになって、その感覚はさらに強くなっている。まわりを見ればキリがないし、僕にはない特別な才能を持っている人ばかりだ。僕も人間だから、そういう人を見て嫉妬して落ち込むこともある。人のことなんて気にするか！と対外的に見せてはいるものの、実際は劣等感が強い人間なのだ。

人の歌い方を真似て自分のものにできたら少し安心できるけど、どれだけ練習しても自分には出せない声質というものがある。極めれば極めるほど、自分がどのくらいの位置にいるかが、分かるようになってしまうのだ。

サンドイッチされる立ち位置

「歌ってみた」の最前線を走るトップの人たちは、次第に年齢も上がり安定した基盤を作っている。新進気鋭の若者たちの勢いも大きくて、いつ爆発的に人気が出てもおかしくない人たちばかり。

そんな中で、僕はキャリア的にも立ち位置的にも中堅だ。どうやら世の中では、この中堅層が一番大変らしい。上の世代に気を遣い、下の世代には抜かれないように気を張らないといけないためだ。

上にも下にも才能のある人がうじゃうじゃといる中で、自分の立ち位置を守るのは結構大変なことだったりもする。僕もかつては「みんなと仲良くやっていきたい！」と思って明るく振る舞い仲良くなれるように気を遣っていた。

でも、距離が近づけば近づくほど、他人の才能に嫉妬して気が狂いそうになってしまう。トップの人たちの安定感や、若手の勢い。自分にはそのどちらもないような気がしてしまう。人と一緒にいると、比べてはいけないと思いつつ「この人よりは上だな」と考えてしまうこともある。

自分の考えていることが汚すぎて、もう向き合いたくない。そう思って、僕は適度な距離感を取るようになったのだ。僕は他人と上手く関係を築けない、中の下の人間だ。そして、こんなふうに人と上手くやっていけないのはマイノリティーだというのも分かっている。

もう一言付け加えると、現在の僕は自分で歌が上手くないと自覚している。それでも歌の道で生きていきたいから、みんなに満足してもらえるものをどうやって生み出すかを日々考えているのだ。これは、謙遜なんて生易しいものではない。歌を生業にしていて歌が上手くないのも、きっとマイノリティーなのだろう。

僕がみんなに満足してもらうためにできることは、自分の経験を生かすことでしかない。僕は中の下で、マイノリティーに属している。でも、僕にだって誰かに響くような歌を歌えるはずだ。僕と同じように、人と上手くやれなくて、自分の才能を見いだせない人たちの心に寄り添えるような存在になれるかもしれない。そう信じて、今日も歌っている。

実際に、僕のリスナーには流行を自分から捨てたような人たちが多い気がする。

まるで「私もあなたと同じようにマイノリティーなんです」と引き寄せあうような感覚があるのだ。そして、マイノリティーだと自覚しているからなのか、みんな僕に優しくしてくれる。人と違うことをしても、「それがしたいなら応援するよ」と言ってくれる。流行りの歌を強要してくることもないし、やる気がないとあきれられることもない。こうして僕が僕らしくいられる居場所をやっと見つけられた気がするのだ。

一人でも歌は歌える

人と比べると途端に自信がなくなってしまうけど、一人でいるときには信じられないくらいの自信家になれる。さっきまで中の下と言っていた男が、この世で一番歌が上手いと思い込めるようになるのだ。

誰かと一緒にいたほうが、気持ちが強くなる人のほうが多いのかもしれない。多数派にいると、自分の意見が正しく思えるのだろう。

でも、僕の場合は一人でいるときのほうが気が強くなるし、まるで無敵のように感じられる。作品を作るときには必要最低限のコミュニティーがあればそれでいいし、録音環境が整っていれば歌を歌う上でなにも困ることはない。

もし、これが「歌ってみた」から始まった活動じゃなかったら、もっと人と上手くやれる能力が必要だっただろう。でも、僕の見つけた「歌ってみた」というフィールドは、歌が上手くなくても人との関係を縮小しても成立する場所だった。

僕は、世の中のボイトレも上手く吸収できなかったし、ライブに向いていない歌い方をしている。それでも、歌手としての活動ができるのだから中の下の人間が好きなことを仕事にできる可能性はちゃんと残されているのだ。

僕が出しているハイトーンボイスも、才能ではない。単純に努力の積み重ねで習得できたものだ。だから、元から持っている才能を開花させた人だけが、自分のやりたいことを仕事にできるわけではないのは分かってほしい。

今、夢を前に挫折しそうになっている人に言いたい。どんな形であれ、自分の好きなことを仕事にすることはできる。

センスという言葉の定義

センスや才能と聞いて、みなさんはどんなイメージを持っているだろうか。天から与えられた飛びぬけた長所？　それとも努力で勝ち取った特殊能力と思っているだろうか。

僕は、センスや才能という言葉を、どちらの意味合いでも使わない。僕の中では、生まれた後の環境差で後天的に身についたものをセンスと呼んでいる。生まれ持った違いなんて、歌に関しては筋肉の柔らかさくらいしかないと思っているし、歌が元々上手い人なんていないと思っている。

例えば、小さい頃に両親がクラシックをたしなんでいてその音階が分かるのは100%センスだ。また、部活などに入っていて普段から大きい声を出しているというのもひとつのセンスだろう。こう考えてみると、誰にでも後天的に手に入れている才能があるということが分かるはずだ。才能とは、そんなに特別なものじゃない。人は日常生活を送る中で、何かしらの才能を育てている。それが、幼い頃は分からなくても、大人になって使うことがなかったとしても、確かに存在しているのだ。

身体に反映される才能

最近では広く知られていることだが、絶対音感は後天的に手に入る才能だと言われている。子どもの吸収力というのは凄まじいので、もちろん個人差はあるが、子どもの頃に触れていたほうが習得は早いだろう。でも、その才能は大人になったら手に入らないというわけではないのだ。20代でも30代でも、手に入れようと思えばその才能は手に入る。

テレビなどで絶対音感を持っている人を見ていると、まるで神業のように思えてしまうだろう。だけど、あれは毎日のように音を聴き続け、身体に覚えさせせるという努力の賜物なのだ。それは高音も同じ。高音という才能も、高音が出るようになるまで努力するだけで手に入る。

絶対音感が欲しいと思わなければ絶対音感は手に入らないし、高音を出せるようになりたいと本気で思わなければ、手に入ることもない。才能とは、意外にも自分が行動するだけで手に入るのだ。


僕は、2年前に歌った音源を聴いて「すごい下手だなあ」と思うことがよくある。2年前にはその歌が自分の中では最高の出来だったのに、時間が経つと歌の粗さが分かるようになるのだ。これも、音楽の感度という才能が上がったということだ。

才能とは、そんなに人間の都合よく発揮されるものではない。才能は日常的に使って初めて磨かれる。使い続けなければどんどん劣化していくだけだ。例えば、野球選手は生まれながらに野球選手なわけじゃない。毎日練習して、人と競い合いながら自分を高めているのだ。

だから、「あなたには歌の才能があっていいね」と言われるたびに思う。本当に才能と呼ばれるものが欲しいのなら、毎日鍛えたらいいのに……と。才能から遠ざかっていくのも、またその人の意志だということを忘れないでほしい。

続けられる才能

『高音が出るまで継続すればいいんだよ』と僕が言うと、「それが難しいんだよ。継続できるのも才能のひとつだよ」と言う人がいるかもしれない。確かに努力を続けるのは簡単なことではないけれど、僕が何を言いたいのかというと、「才能」という言葉を自分が動き出さない理由を肯定するためのフレーズとして使わないでほしいということだ。

確かに、僕は高音を手に入れるために努力するのは嫌いじゃない。むしろ、つらいけど好きだ。年々、つらくなっているものの、心構えとしてはドMになっている。こうなってしまえば、続けるのが拷問なのかご褒美なのか分からない。

このくらい自分を追い込めたら、「努力している!」なんて感覚が麻痺するくらいに毎日歌いたくなるものだ。これを、続けられる才能と言われるのは少し違う気がする。ここまで追い込まないと続けられるようになんてならないし、ちょっと頑張ってみようくらいの気持ちではモチベーションは保てない。

才能は、継続して初めて自分のものになる。天から降ってくるものなんてこの世にあってたまるか、という気持ちで僕は生きている。

環境も才能の一部

例えば、親が洋楽好きで子どものころから洋楽ロックのメロディーラインを身体に染み込ませていたとしたら、音楽的な才能が豊かな子どもだと思う。だけど、音楽に直接関係のないものでも、才能に結びつくものはある。

僕の場合は、専門学校に通うとき、利子のない奨学金を受けることができたので、生活をそこまで圧迫することなく学校に通えた。僕はこれも才能のひとつだと思っている。

また、就職活動を放棄したときに母から「好きなように生きたらいいよ」と言われたのも才能が開花した瞬間だったと思う。もし僕が長男だったら、「ちゃんと就職しなさい」と言われていたのかもしれない。

だけど、僕には兄がいて、彼は堅実な道を見つけ、すでに就職という正規ルートへと進んでいたのだ。このおかげで母からうるさく言われなかった可能性が高い。だとしたら、これもまた環境という僕の才能だ。


こんな具合に、才能と言ってもいくつもの考え方があって、ひとつひとつのハードルはそう高くないと思う。自分の人生を振り返ってみて、小さい頃からピアノを習っていた人、僕のように奨学金を利子なしで借りられた人、親が洋楽好きな人などひとつくらいは才能を持っているはずだ。

一度、才能という言葉のハードルを下げて自分には何があるのかを考えてみてほしい。そうすれば、自分の夢に近づく方法が分かったり、夢を諦めずに済むかもしれないのだから。

言語化は行動するための手段

人に自分の夢を語ったり自分の理想像を話したりすると、他人にバカにされたらどうしようと思ってしまう人もいると思う。だけど、僕はそれでも自分の夢を言語化することはすごく大切なことだと思う。

言語化すると、一体何が変わるのか。それは、夢に近づくための行動が具体化されるというのが一番大きい。例えば僕の場合だったら、歌手になるためにはデビューしないといけない↓そのためにはオーディションを受けなければいけない↓オーディションを受けるにはレコーディングをしなければ……と、順序立てて夢への道を具体化できるのだ。

そうすると、今自分がしなければいけないことが何なのかが明確になる。この言語化というのはポジティブな面だけでなく、自分が上手くできないことにも作用してくれる。自分の嫌な部分をわざわざ言語化して分かりやすくするのは、痛みが伴う。だけど、今の自分よりスキルアップしたいと思ったときには、何が苦手で下手なのかをきちんと理解するのが大事なのだ。そのために多少痛い思いをするのは仕方がない。

自分のできないこととできることを謙虚に見つめて、特徴を生かしていく。そうすることで、確実に前へと進むことができるのだ。

命を懸けて夢を語る

僕は歌い手を始めるときに命を懸けた。親に「30歳になっても歌で芽が出なかったら、一人でレンタカーを借りて樹海に行く。その中で、練炭を焚いて静かに死ぬから、今は好きなことをさせてほしい」と言った。そんな突拍子もない話を、親は笑わずに了承してくれたのだった。

歌い手の活動は、歌手になるための正規ルートとは言い難い。今では少しずつ僕たちの存在が認知されてきてはいるものの、歌手になりたいから「歌ってみた」を始めてみようという人はそう多くないはずだ。

当時の「歌ってみた」界隈は現在よりももっと閉鎖的で、未開拓の分野だった。おそらく、たくさんの人が「歌で生活できるかもしれない」という夢を抱いては、その方法に苦しんで、行き止まりにハマって抜け出せなくなったと思う。

自分が考えつくような道は誰も見つけていないのではなく、すでに失敗した人たちがたくさんいるような道であることがほとんどだ。失敗しているから、まだ道として確立されていないだけ。そんなところに入っていくのはリスクも大きいし、失敗したときにもう這い上がれなくなることもあるのだ。

だから、「歌ってみた」を仕事にできた人が少ないことや、なかなか歌い手の人口が増えなかったというのにはそれなりの理由がある。僕も緩やかに消えていって歌手としての存在価値がなくなるのかもしれないと何度も思った。

僕は人と違う道に進んだ。これだけ読むと、自我の強いかっこよさを感じるかもしれないけど、僕は人と同じ道に進まないリスクも分かっているつもりだ。みなさんに「人と違う道に進んだほうが幸せだよ」なんて語れるはずもない。

今、特にやりたいことはないけど、人と同じことはしたくないってくらいの気持ちで特殊な道に進もうとしている人に伝えたいことがある。少し冷たい言い方になってしまうが、そのくらいの気持ちなら社会の歯車になって働いたほうがいい。よっぽどの強い意志がない限り、人のいない道に進んでも心が折れてしまうからだ。

自分の気持ちがどの程度のものなのかを知るためにも、一度なぜその道に進みたいのかを言語化してみると良い。何度も言葉にしていると、自分の中で考えがまとまっていって、なんとなくでも方向性を感じることができるはずだ。

言葉にしてみると、意外に安定を求めていたんだなとか、人と同じことをしていると安心するんだなということに気がつくこともある。とはいえ、どちらを選んだとしてもそこに優劣はない。自分にとって心地よいのはどの選択かを知ることができれば、それだけで意味のあることなのだ。

他人の長所も言葉にする

言語化するときに、自分のことだけでなく他人のことも冷静に分析できる視点を持っていると、自分の成長に繋がっていく。だから、人の歌を聴いたときに「いいな！」と瞬間的に思ったとしても、それがどうして良いと思ったのかを言語化して、自分でも再現できるようにしている。

例えば、「この人の高音はミックスボイスの広がりが豊かだから聴いていて心地いいんだ」とか、「半音上がるところが0.1秒早いから印象に残るのかもしれない」など、できるだけ具体的に分析していく。

自分ができないところを漠然と「できないな……」と思っているだけではいつまで経ってもできるようにはならない。できないなら練習してステップアップすればいいだけで、その練習をより細かく把握するためには、自分のことを正しく認識する必要がある。

最初のうちはなぜ自分が惹かれたかを細かく言語化するのは難しいかもしれない。それなら、その分野に詳しい人と話をしてみるだけでもいい。言語化するのも人の真似から入ればいずれ自分のものになっていくだろう。

ただ、人の言ったことをそのまま言語化するのではなく、ある程度できるようになったら人の力を借りずに自分の言葉として話すことが大切だ。人の受け売りをそのまま使ってしまっては正しい評価には繋がらない。


僕は極端にひとりごとが多い。「歌の語尾に母音の音が残っているから、それを早めに抜いてあげるともっと上手に歌えるはずだよ」など、自分自身に説明するようなひとりごとを話しているのだ。「なるほど〜」なんて自分で返事をしながら話をしているところを想像してみるとちょっと怖いかもしれない。だけど、これが僕の勉強スタイル。

勉強するときに、一番効率のいい方法は人に教えるということらしい。なので、僕は自分自身にひとりごとを通して、新しい発見や自分の歌の良くない部分、人が歌っているときの印象に残るフレーズを説明しているのだ。

きちんと言語化できると、「こういうふうに直したいな」と思っていた方向に身体が動いてくれる。そうして、少しずつ自分の欠点が直っていき、長所はさらに伸びていく。

また、言語化にはもうひとつ良い点がある。それは、自分の言葉を耳に入れてあげると、「自分はこうしたいんだな」と再認識できることだ。頭の中で考えているだけでも同じことができるでしょ？と思う人がいるかもしれないが、頭で考えているだけでは、いまいち明確化されずぼんやりとした方向性しか出てこない。

きちんと声に出してあげると忘れないし、達成したときに「あの行為は正しかったんだ」という成功体験を作ることができるのだ。

自分と向き合うメンタル

自分のダメなところに向き合うためには、「できないことがあるんだ」と認めなければならない。僕にとってはそんなに難しいことではなかったけど、みなさんの中には自分のことを正しく評価したくない人もいるのかもしれない。

自分がどれだけできないかが分からなければ傷つくこともないし、人間誰でも傷つきたくなくて見ないふりをしてしまうことはある。その気持ちは僕にも分かる。でも、歌を上手く歌えるようになりたいと思ったら、自分のできないところに向き合わない限り絶対に上達しない。どんなにつらくても、逃げ出したくても自分と向き合うメンタルを整えるのは大事なことだ。

僕がなぜ自分のできない部分に向き合えるのかといえば、反省したことは絶対に次の歌に生きると信じているし、今までの成功体験が積み重なっているからだろう。できないことができるようになったとき、僕は正しい人間に近づいているような気持ちになる。だから、自分の分析をやめられないのだ。

自分できちんと考えていると、他人から「こういうところが良くないね」と言われても「あ、それは僕も分かってるんで……」と思える。だから、傷が浅い状態で人の言葉を受け取れるのだ。これをまったく考えないで過ごしていると、「まわりの人は自分をそんなふうに見ているのか……」と結構なショックを受けてしまう。

人からの指摘を柔らかく受け取れるように、できないところは誰よりも早く気付き、自分を責めておく。これも、メンタルを守るために僕がしていることだ。

これからの僕

僕が「歌ってみた」を初めて投稿したときには12回しか再生されなかったのに、今では総再生回数が3億回を突破し、それは少しずつ僕の自信に繋がっている。

週3で投稿していた専門学生時代を思い返せば、あっという間だったような長かったような不思議な感覚が残っている。高音が出ない！とイライラしながら歌った日、自分が他人と比べて劣っていると認めた日、初めて自分の音源がCDになった日。自分にとって良い日だけではなく、つらい日も自分の力になっている。

高音が出るようになった現在でも、僕の声は安定しない。出しづらいキーもあるし、なぜか突然高音が出なくなってしまうこともある。そのたびに「このまま歌えなくなったらどうしよう」と考えるけど、それでもまた声が出せるようになったときにプラスの方向に変わっているかもしれない、とすぐに気持ちを切り替えるようにしている。調子がよくない時に思い悩んでいても仕方ない。いつものように声を出しているうちに、また調子の良い高音が戻ってくると楽観的に信じて待っていればいいのだ。

今までのところ、声のテンションが落ち込むことはあっても、声の調子が戻らないということはなかった。だから、多少声の調子が悪い時期が続いても落ち着いて待っていられる。そういう日常の体験を積み重ねることで、少しの不調くらいでは動じなくなった。

好きなことはやめられない

幸いなことに、僕は今まで一度も歌をやめたいと思ったことがない。もう生活の一部になっているので、これからどんなに追い詰められたとしてもやめるかやめないかで悩むことはおそらくないと思う。僕が選択するのは、録音するか休むかくらいだろう。

これから先のことを考えたときに、お金をたくさん稼ぐよりはできるだけ長く活動したい欲のほうが強い。だけど、実際のところ20年後に何をしていて、どうやってご飯を食べているかは未知の部分でもある。このまま高音を出し続け、40歳を超えて歌っているのだろうか……。考えても想像がつかない。

だけど、もしできるなら今のままラジオパーソナリティーを続けていたり、これからやってみたいと思っているMC業やインターネット上のタレントとして活動できたりしたら、長く仕事を続けられるのかもしれないと思っている。

まだやったことはないけど挑戦したい声の仕事がある。続けていきたい仕事もある。今はそれだけで十分なのかもしれない。

未完成な高音

これからもずっと自分の限界を超える高音を出し続けたいと思っているから、僕は高音の完成形というものを想像できていない。きっと、今出せない音を出せるようになったら、またその先を見たくなるんだろう。

人間の身体は限界だと思ってから、まだまだ成長できる。昔は野球で150キロ出せる投手がいたらすごいと言われていたけど、現在では160キロを投げられる選手もいる。これが人間の出せる限界の速さだと言われていても、時代とともに記録は更新されていくものだ。

これは、高音にも同じことが言える。今の僕の限界を超える日が、新しい目標が生まれる日でもある。自分はもっとできるはずだ。そんなふうに思いながら先へ先へと歩みを進めていくうちに、いつしかそこにたどり着き、きっとまた同じことを思うのだ。自分はもっとできるはずだ、と。この歩みにはおそらく終わりがないんだろう。

そんな僕が今思い描いている理想は、高音を出しても2時間歌い通せるくらいの力をつけること。ワンマンライブをしっかりと歌いきった景色を見てみたいのだ。見ている人をがっかりさせないライブを作りたい。自分が心の底から納得できるようなライブを見せたい。それは僕がまだ見たことのない景色であり、僕のライブに来てくれた人といっしょにその素晴らしい景色を分かち合いたいのだ。いつかこの理想が叶えられたら嬉しい。

新しい音楽の布教活動

すでに僕が「歌ってみた」を始めたときには、そのシーン全体に「もしかしたら歌い手を仕事にできるかもしれない……」みたいな温度感はあったのだが、今は当時よりももっとその実感が強くなっていると思う。

「歌い手を仕事にする」という生き方は、僕よりも前から活動している歌い手の先輩たちがコツコツと開拓してくれた道だ。周囲にはなかなか理解されず、いろんな人からバカにされた日もあっただろう。「そんなの仕事にできるわけないじゃん」と言われながらも続けてくれた人たちがいるから今がある。僕は、この事実と思いをきちんと後世に繋いでいきたい。歌を仕事にしたいと誰かが思ったときに、選択肢のひとつとして歌い手という存在を頭に思い浮かべてほしいのだ。僕自身が歌い手のモデルケースになれたら嬉しいし、僕の活動を通して歌い手の存在感や価値を少しでも高めていきたいと思っている。

歌い手という仕事が少しずつ世間に認められるようになってきたのは間違いない。今ではネットの世界だけに収まらず、テレビCMや企業とのタイアップに起用されるなど、歌い手の活動の場はどんどん広がりを見せている。僕もラジオ番組をやらせていただくなど、ネットの外の世界にも飛び出して自分なりのチャレンジをずっと続けている。

こうやって僕を含む歌い手たちが様々な場所に挑戦し、自分たちの存在を示すことで「歌い手って良いものだぞ」という印象をさらに広げていけたら、というのが僕の思いだ。

僕が広がりを感じているのは歌い手の世界だけではない。この数年でＪポップ界隈でもボーカルが高音域の楽曲がずいぶん増えてきたな、というのが僕の正直な実感だ。このまま高音域の新曲がリリースされ続けたら、ハイトーンすぎて誰も口ずさめない曲ばかりが世の中にあふれかえってしまうのではないか……という妄想も頭の中でふくらんだりもするけど（笑）、それならばいっそのこと、全人類が高いキーを出せるようになればいいのだ。

そう、全員が僕のライバル。

高い声は、誰だって出せるようになる。そんな希望を僕が見せることで音楽の質がより良いものになることを祈っている。

高音よ、さらなる高みへ！

LOGICAL TALKING

歌い手として同じ時代を切り拓いてきた3者による座談会を遂行！
声や歌へのこだわりや思いを語りつくす。

あらき

熱いロック魂と情熱的な声でリスナーを魅了するボーカリスト。ライブでの歌唱力、パフォーマンスにも定評がある。

Twitter：@axiz_and_nico
YouTube：「ARAKI Official」

ウォルピスカーター × Gero × あらき

Gero

ロック・アニソンシンガー。低音からハイトーンまで4オクターブをパワフルに歌い上げる。「ちゃんげろソニック」主宰。

Twitter：@Gero2525
YouTube：「Gero Channel」

ウォルピスカーター

ウォルピス出現の衝撃「すごい人が出てきた」

ウォルピスカーター（**以下ウ**）3人の出会いはいつかな？

あらき（**以下あ**）僕とウォルピスは7年前？　気持ち的にはウォルピスと僕は同期だな。

ウ　それ、僕も同感。

Gero（**以下G**）活動歴で言うと俺だけ少し先輩か。俺が始めたのが2008年で……。

ウ　僕は2012年。

あ　僕が2013年か2014年あたりから。

G　じゃあホントに2人は同世代だね。お笑い芸人でいうところの第7世代的な(笑)。

ウ　Geroさんと僕の関係性でいうと、僕的にはGeroさんに僕のことを見つけてもらったって感じです。

G　Twitterで俺がウォルピス君にリプを送ったりしてたんだよね。俺が見つけたときにはすでに「ウォルピスさんがすごい」って評判になってて、ランキングとかにも入ってたし。で、曲を聴いてみたら「なんだこの化け物みたいなハイトーンの人は」って驚いたのを今でも覚えてる。すごい人が出てきちゃったなって思った。

ウ　その後、僕のラジオ（※）に来てもらいましたよね。スタッフから「ゲストで呼びたい人いますか？」って聞かれて、GeroさんにLINEしたら速攻で「いいよ！」って快く引き受けてくれたんですよ。

※NACK5「ウォルピスカーターの社長室からお送りします。」（毎週土曜24時30分～25時）

上手い人に対して湧くすさまじい？嫉妬心

G　俺とウォルピス君が顔を合わせるのは今回で4回目か5回目かな。あらきくんとはどうなの？

あ　Twitterでのやりとりが多いんで実際に会ったのは……ほぼないかもしれないな(笑)。一緒にライブとかもないしね。

ウ　あらきさんに限らず、そもそも僕、人に会わないから。

G　いや、人に会えよ(笑)。

ウ　会いません。

G　そんなこと言うなよ。あらき君とは同世代なんだから気軽に会えるやろ。

ウ　あらきさんとは深入りもせず、かといって疎遠になるわけでもなく、っていう絶妙にいい距離感なんです。

あ　で、会うような用事も特になく(笑)。

ウ　そうそう(笑)。

G　おい、ウソでもいいから仲良しアピールしとかんと(笑)。

ウ　あらきさんとは、お互いが動画を投稿したときに「コイツまた歌が上手くなってやがる」って確認をするくらいがちょうどいいんです。それに同世代ってこともあって、あらきさんにはライバルに近い感情を最初の頃は持っていて。僕、歌が上手い人に対して嫉妬心があるんです。倒してやるぞっていう。

G　いや、違う違う！　仲良しアピールのはずが、倒してやるアピールになっちゃってる。

あ　この座談会、大丈夫か(笑)。

ウ　大丈夫。本になったら、きっとこれがキレイな言葉に変わってるんですよ。「あらきさんに初めて出会ったとき、あの人に勝ちたいと思いました」みたいな(笑)。

キャラ設定の生みの親は高校時代の有能ブレーン

G　「歌ってみた」を始めたきっかけってなんだった？

ウ　僕は部活でバンドをやってて、その流れで。

あ　バンドではボーカル？

ウ　キーボード以外の全部のパートはひと通りやってました。

G　すげ(笑)。

ウ　僕が通ってた高校のある神奈川県って軽音楽部の聖地みたいな土地柄で、大会でもめちゃくちゃ強いのが神奈川の学校なんです。大会にはオリジナル曲じゃないと出場できないんで、僕がオリジナル曲を作ってました。バンドのメンバーたちに曲を教えるのも僕なんですけど、

「なんだこのハイトーンの化け物は」

ギターもベースもできるようにならないと教えられないから、自然と全パートに手を出すことになっちゃった。

あ　それがなんで「歌ってみた」に繋がったの？

ウ　部活を引退したらすごく暇になったんですよ。その時、ニコニコ動画にハマってた友だちが「歌ってみた」を教えてくれて、そいつが僕のキャラクターも考えてくれた。昼休みに放送室で僕にレクチャーしてくれるんです。「お前がプロデビューするってなったらどうする。『歌ってみた』からプロが生まれる時代だぞ。プロデビューしたらグッズを作るだろう。グッズを作るときにキャラ設定があると大人はすごく作りやすいんだ」って話を広げてくれた（笑）。

あ　完全にウォルピスのブレーンだね。しかも有能（笑）。

G　名前も見た目もグッズも、イチからひねり出すのはけっこう大変だったと思うよ。

ウ　社長っていう設定もそいつが言い出したんです。「会社っぽい名前でライブのタイトルをつけるとキャラが立つ」って。

あ　すげー友だちだな。そいつ今なにしてんの？

ウ　声優志望で専門学校に進んだのは覚えてるんだけど、その後は……。

あ　その子、またチームに入れたほうがいいんじゃない？

G　あらき君は？

あ　僕も最初はバンドをやって て、チケットが売れないから自腹で払ってライブを続けるっていう武者修行みたいな日々を送ってました。その当時、居酒屋でバイトをしてたんだけど、そこのバーテンダーがニコニコ動画に詳しい人で店の休憩中によく歌い手の曲をかけてくれてたんですよ。たまに知ってる曲が聴こえてくるんだけど、声が本人じゃないから「誰なんだろう？」って興味を持ったのがきっかけですね。

ウ　Ｇｅｒｏさんは？

G　ニコニコ動画を２００７年くらいから見てて「２ちゃんねるとYouTubeが合体した！」って思っておもしろかったんだよね。メタルとハイトーンが好きだったから「歌ってみた」を見てたら自分もやってみたくな

ウォルピスカーターの生みの親

って、バンドやってる友だちに連絡して機材を集めた。ニコニコ動画の存在自体は、オタクの弟から教えてもらった。
ウ　やっぱりみんな知り合いとか友だちとか弟とか、まわりの人がきっかけなんだ。
G　当時は録音機材のこととかまったくわからなくて。検索してもパッと見つかるような時代じゃなかったから。今は歌い手向けの初心者キットみたいなのも売ってるけどね。
あ　いい時代だよねぇ。どうやって録ってたの？　家？
G　持ってたパソコンがデスクトップなんだけどちっこいミニ型だったから、それを衣装ケースみたいなのに入れて車でラウンドワンへ行ってたな。ラウンドワンのカラオケの中にスタジオっぽいブースがあったのよ。
ウ　あらきさんは自宅？
あ　バンド経験を生かしてリハスタ（リハーサルスタジオ）を使ってた。僕もGeroさんみたいに、巨大なボストンバッグにノートパソコンやらリフレクトフィルターやら入れて、リハスタに持ち込んでた。個人だと料金安いよね。500円とか。
ウ　僕もリハスタでずっと働いてたからわかる。安いよね。
G　ウォルピス君はバイト先のリハスタで録音してたの？
ウ　働いてたところ、バイトは使っちゃいけない決まりだったんですよ。だから僕はずっと家で録ってました。家の前に動物病院があって、駐車場で順番待ちのワンちゃんたちがよくけんかしてたり……。
G　……ワンちゃんの声は？
ウ　もちろん入る（笑）。当時の音源にはたぶん犬の鳴き声がかなり入ってると思います。全然気にしてなかったから。外の音が入るかどうかより、自分の音が外に漏れないほうが重要だったから、布団をかぶって録ってました。自分だけの個室がなかったんで。

高校時代の友だちが鋭く、ふくよかに響くウォルピスの歌声

あ　僕は初期のウォルピスを知ってるけど、犬の鳴き声は記憶にないな（笑）。
ウ　あの頃は歌が下手だったから思い出してほしくない……。

あ　最初は今ほど声が高くなかったはずなのに、第一印象がかき消されるくらいウォルピス＝ハイトーンで僕の記憶が書き換えられてるなぁ。

G　俺がウォルピス君を知ったのはあらき君より少し後なのかな。歌声を最初に聴いたとき、完全に女の人かと思った。俺の配信中にリスナーからウォルピス君の存在を教えてもらって、その場で歌を聴いて「この人、女の人？」ってリスナーに確認したもん。もうその頃はウォルピス君の人気に火がついてたから、初期ではないよね。

ウ　高い声を出しはじめたのは、僕の中では中期ですね。

あ　最近のウォルピスの声を聴いて感じるのは、すごくズルい声の成分をしているってこと。高い声は針の穴を通すように鋭くて、その少し下の音はふくよかな音を出してくる。その使い分けが最近すごく上手。

ウ　いいねいいね。そういうの、もっとちょうだい。

あ　え、もうないけど（笑）。とにかく、ウォルピスの声はズルいってことに尽きる。

G　クオリティーの高さもウォルピス君の大きな魅力だと思う。クオリティーが高いっていうのはこういうことなんだよって感じで、全体的に良し悪しの基準がすごく高い。ウォルピス君の中に、いいものとはどういうものなのか、っていう基準がしっかりあるんだと思う。

ウ　そこを追求しすぎるせいで「やりすぎ」って言われちゃうこともあるんですけどね。僕がディレクションしている収録で、ついついリテイクが多くなっちゃったり。ここはビブラート2個じゃなくて3個とか。

G　でも、それはいいものを作るために必要なことでしょ。

あ　リテイクすればもっとよくなるってのは、クリエイター同士の信頼感の表われでもある。

ウ　どうしても妥協したくないんですよね。人にリテイク出すだけじゃなくて、僕自身も録音のときは常に全力。全力よりも6割とか7割とかのほうがスタミナ的にも長続きするし、音源とライブの差も出にくいとは思うんだけど、僕はライブのことは考えずに150％で声を出し

ウォルピスは
ズルい声の成分をしている

みんなの期待を裏切ってしまう不甲斐ない自分が許せない

てる。録音中に声が劣化しちゃうこともあるんだけど、劣化したらまた次の日にMAXの状態に戻して、続きを録ってる。

G それがウォルピス君らしいと思うよ。

控えめ？ ボケたがり？ 仲間だから知る素顔

G ウォルピス君って最初は控え目な子なのかと思ってたんだけど、実際はめちゃくちゃおしゃべりが好きだしどちらかというと明るい感じだよね。

あ Twitterでもわりとボケたがりだし。

G あと、会うたびに髪型が変わってる。めちゃくちゃ髪伸ばしてるときあったよね？

ウ 人に会うのがわずらわしくて、髪を切りに行くのも嫌って時期があるんですよ。髪の長さが肩を超えてたこともあって、居酒屋でおっちゃんに女の子に間違えられたりしました。

G ラジオ好きっていうのもウォルピス君の意外な一面だった。おしゃべり好きな部分を知ってからは納得できるけど。

あ ラジオは自分で望んでやってるの？

ウ そうですよ。事務所の人から「なにかやりたいことある？」って聞かれて、歌以外で思い浮かんだのがラジオだった。

あ 僕は怖くてできないなー。しゃべりが詰まったりしたら嫌じゃん。そういう可能性を思い浮かべちゃうと僕はできない。

ウ 僕だって言葉に詰まっちゃう瞬間はあるよ。そういう時にどうするかっていうパターンをいくつか用意してる。僕がラジオを始めたのは、歌以外に自信になるようなものが欲しかった、っていうのが理由のひとつかな。

ライブのステージは想像の5倍疲れる

ウ 僕、ライブが苦手なんですよね。もともとキー変更せずにずっと「歌ってみた」を投稿してたから、ライブでもキー変更せずに歌うことを求められると

LOGICAL TALKING

思うんですよ。でも、それは不可能じゃないですか。

G 確かに全曲オリジナルキーでっていうのは難しいね。

ウ だから、僕がライブをやるとみんなの期待を裏切ることが100%確定してるんです。

あ すげー発想だな(笑)。

ウ キー変更してもいいからライブで歌ってほしいっていうファンの方もたくさんいて。それはそれで励みになるけど、僕自身がキー変更を許せない。みんなの期待を裏切ってしまう不甲斐ない自分が許せないんです。

G オリジナルキーで歌えるかどうかって、ハイトーン系シンガーの悩みどころかもね。録音だと歌えるけどライブだとどうかなって曲はある。

ウ 最近は開き直って「生歌と録音は違うからライブでは無理ってことを理解して」って、ライブに来てくれた人には話してる。2021年8月の東京公演では新曲をオリジナルキーで披露したけど、全部口パクです。

G えっ…!? これ書けませんよ、ダメですよ!?

ウ いや大丈夫。スクリーンに映したMVの映像の上に、真っ赤な文字で「現在口パク中」ってテロップ入れたんで(笑)。

あ あと、ライブの大変さって歌だけじゃないよね。人に見られるっていうだけでも普段以上に疲れる部分があると思う。

ウ ステージ上って想像よりも5倍くらい疲れるもんね。照明で暑いから汗かくし、どんどん

喉から水分が飛んでいく。

あ　歌うのって100メートル走だと思うんだよね。録音だったら全力で100メートルを走りきるけど、ライブの時は100メートルのダッシュを15本、20本って繰り返すのはできない。僕もそこはいつも考えてる。

ウ　僕は録音の時に100の力を出すクセがついちゃって、100の出し方しかわからなくて困ってる。60とか70の声の出し方がわからないんだよ。

G　Aメロからギンギン？

ウ　はい、ギンギンでいっちゃいます！

G　ライブ、楽しんでるように見えるけどな(笑)。

ウ　もちろんライブは楽しいんですよ。楽しいからやりたいんだけど、ライブの5分前くらいまで「目を閉じたら明日になってないかな」って祈ってる(笑)。音源通りの歌声を届けられない自分への不甲斐なさとか不安とか、どうしても拭えないんですよね。ここを克服できたら、もっとライブを楽しめると思うんだけど。

厳しいコメントも唇を噛みながら目を通す

G　俺もライブの前は不安しかないよ。そもそも歌ってる人間が不安に襲われるのは当然だと思う。歌詞を間違ったらどうしようとか、歌が下手になったらどうしようとか、いつまでたっても感じるものだし。アニソンのレジェンド・影山ヒロノブさんから前に言われたのは「ライブって出たら終わりやから」ってこと。ステージで歌ったら終わり。失敗してもしなくても歌ったら終わるんだってことに気付かされて、妙に納得した。

あ　僕が不安になった時に思うのは、不安を感じる＝自分に自信がないのかもってこと。理詰めで考えちゃうタイプだから、不安をなくすためには自信をつけるしかないし、自信をつけるためには練習や準備をするしかない、って覚悟を決める。実際、ライブの何ヶ月も前から準備をしておくと、ここまで準備をしたんだからミスったらあきらめようって思える。

G　練習量が精神面の支えになるのは間違いないもんね。

あ　そうなんですよ。歌だけじゃなくて、ギターを持つ時の立ち姿とかマイクスタンドを握る時のポーズとか、そういうことも準備しておけば怖くない。

ウ　すごくわかる。僕もライブ中の手の動きなんかは鏡の前でめっちゃ練習してます。体って自分が思ってるよりも動いてくれないんですよね。思いっきり手を上げてるつもりなのに、全然上がってなかったりする。

あ　ただ、どれだけ練習しても歌が上手くなったっていう確信がなかなか持てないんだよね。

ウ　僕も自分の歌の下手さのせいで常に病んでます……。

G　歌手やアーティストはみんなそうじゃない？　エリック・クラプトンが「俺はギターがめちゃくちゃ下手クソ」って言っちゃうくらいだから。クラプトンは「練習中は世界一下手だと思え。ライブ中は世界一上手いと思え」とも言ってるんだけど、これいい言葉だよね。

ウ　僕が忘れずにいたいのは、人の意見にきっちり耳を傾けること。どんなにキツい意見でも、一度しっかり傷ついて、自分で噛み砕いておきたい。その意見を自分の中に取り入れるかどうかは別にして、そういう意見があることは知っておかないといけないっていう気持ち。

あ　それ、けっこうダメージ食らうよね。

ウ　すごく苦しい。動画のコメントで「もっとこうしたほうがいい」とか「下手」って言われるとすごくムカつくんだけど、ひとつの意見としてそういうものもあっていい。どんなにキツいコメントも、血が出るくらい唇を噛みながら読んでます。

ギャラを手にした時に「職業・歌手」を実感

ウ　悩みやら不安やらあったとしても、僕たちの仕事は歌うこと。歌を仕事にした幸せってなんだと思います？

あ　そんなの1個しかない。

G　え、なに？

あ　ギャラが発生したとき。

ウ　それ！　わかる！　金儲けみたいな意味じゃなくて、歌でお金をもらえることへの感謝みたいな感覚。

あ　自分は歌を仕事にしたんだ

どんなにキツい意見でも一度しっかり傷ついておく

なって認識できるもんね。

ウ　仕事に関する請求書のやりとりをしている時に「職業・歌手」になったんだなって感じる時もあるなぁ。

あ　いろんなところを経由したり、出たり入ったりしてるけど、リスナーさんが払ってくれたお金が回り回っているんだなって思うとすごく意識が変わる。そういう時に、歌手になった幸せを感じるかも。

G　僕は憧れの人に会えたり、って同じステージに立てたり、って時がすごくうれしい。中学生の頃から好きなバンドのセックスマシンガンズとか影山ヒロノブさんとかね。俺のシャウトの原点はマシンガンズだし、影山さん率いるJAM Projectと同じステージでシャウトできたのはホンマにうれしかった。

ウ　憧れの人に会うみたいなのっていいですねぇ。僕の場合、歌の道に進んだのは誰かに憧れてっていうより、就職したくなかったからなんですよ。

G　うん。多かれ少なかれ、みんなそういう部分はあるよ。

ウ　僕、そもそも電車通勤ができないなって高校生の時に悟ったんです。チャリで高校に行っていたんだけど、毎日同じ時間に起きて同じ服を着てチャリに乗るっていうのがとにかく苦痛だった。チャリで無理なんだから電車通勤なんてできるわけがないし、なんとか就職せずに生きていきたいって思って。ファーストアルバムを出したくらいの頃かな。歌である程度お金をいただけるようになって、親元を離れて自分のお金だけで一人暮らしができるようになった。その生活を始めた時に、これなら就職せずに、というか電車通勤せずに生きていけそうって思ったんですよ。

G　電車通勤から解放された瞬間がうれしかったんや。

ウ　この瞬間にふわーって気持ちよくなったのは覚えてます。このまま就活することもなく、スーツを着て面接に行くこともなく、天寿を全うできたらいいなって思ってます。

数字との戦いの果てに「自分らしく」を再確認

G　幸せな瞬間がある一方で、ツラい時ももちろんあるわな。

ウ　歌手としてお金を稼ぐようになると、どうしても結果を求められるし、ほかの人と比較もされるじゃないですか。そういうことが気持ち的にキツい時期はありましたね。

歌の道に進んだのは電車通勤が無理だったから

あ　売上だったり動画の再生数だったりTwitterのフォロワー数だったり、いろんな数字がアーティストにはつきまとってくるからね。

ウ　そういう数字をリサーチして理解しておくのはもちろん大事。だけど、自分が持っている数字を理解すればするほど、ほかの人が叩き出す数字のすごさっていうのもわかってくるし、自分より上にいる人たちへの嫉妬心も湧いてきちゃう。それを気にしてしまって、すごく苦しい時期が僕にはあったんですよね。流行りにあわせて歌ったほうがいいんじゃないか、みんなに求められているものをやったほうがいいんじゃないか、って迷ってしまったこともあるし。

あ　それって最近の話？

ウ　苦しい時期を抜けるのに3年くらいかかったかな。今は、自分のためにもファンのためにも自分らしくやろうってところにたどり着きました。

G　歌をやっていると苦労も多いよね。僕はめちゃくちゃ喉が弱くて、自分に合う体調管理の方法を見つけるまですごく時間がかかったし、体調管理してるのにライブで声が出ないってこともあった。録音やライブでいいパフォーマンスができた時は最高にうれしいけど、歌で食っていくのはやっぱり大変よ。

あ　ニコニコ動画の歌い手っていう存在が、いまだに外部の音楽関係者から舐められてるっていうのもツラくない？

ウ　そうなんだよね。まぁでも、歌い手のことを知らない人もやっぱり多いし、ある程度しかたないかって思ってる。

G　昔と比べたら、認めてもらえる場面も増えたんだけどね。

あ　まだまだ舐められてますよ。僕のまわりにも、ニコニコ動画以外の現場でニコニコ動画の話をしたらそれだけで舐められたってヤツもいるし。

ウ　Ｇｅｒｏさんの時代はもっと風当り強かったんじゃない？

G　すごかったよ。ライブハウスに電話したら「ニコニコ動画の……」って言っただけでガチャンって電話を切られたり。ライブハウス出禁とかもよくあったし、なんなら「気持ち悪いんで」「嫌いなんで」って断られたこともある。

ウ　僕らの先輩の世代がそういう風当たりに負けずに、ライブやってデビューして、後輩に道を作ってくれたって本当に思います。だからこそ、僕たちの世代は気持ちよく仕事ができているんですよね。

G　それでもまだ風当たりはあるんだろうね。

ウ　ニコニコ動画みたいなネット文化に触れない人っていうのも、一定数はいるからなぁ。

あ　「気持ち悪い」っていうのは、よく知らなくて理解が追いついてないんだと思うよ。僕たちはちゃんと音を作り込んでるし、ほかの音楽シーンに引けを取ってるとは思ってない。そのあたりを理解してもらうためにも、Ｇｅｒｏさんに続く僕たちの世代もがんばっていかないといけないなとは思います。

G　ま、俺たちの名前が悪いのかもしれん。あらきはともかく、Ｇｅｒｏにウォルピスカーターだもん。そりゃ舐められてもしょうがねえよ（笑）。

ウ　「コミックバンド？」って聞かれることあります（笑）。

ウォルピスカーターがニッチであり続ける理由

ウ　舐められたくはないけど、ニッチな存在感っていうのはこれからも大事にしていきたいんですよね、僕。今の「歌ってみた」ってやっぱり流行りの曲が多くて、流行りの曲を歌うのが

色の混ざり合いがなくなったら世界がつまらなくなってしまう

当たり前みたいになってる。でも僕は「それが正しいわけじゃないよ」って言いたい。流行りの歌じゃなくても、自分の好きな歌を歌っていいんだよっていうのをみんなに見せていきたい。

あ　それは僕も共感できる。でも、あんまり知られてない曲を歌ってると「伸びないのになんでそんな曲歌うんすか」って言われることもあるんだよね。

ウ　伸びる伸びないも大事だけど、そこだけに囚われてしまうのはどうかと思う。流行っている曲や王道のラブソングを歌うのが悪いことだとはもちろん思ってないけど、そればっかりになっちゃうと「歌ってみた」の世界がつまらなくなる気がする。色の混ざり合いみたいなものがなくなってしまう。だから僕は「どんな歌でも歌っていいんだよ」っていう土壌を守っていきたいんですよね。

G　世の中には知られていない名曲がいっぱいあるから「流行りの曲じゃないけどみんなこれ知ってる？　聴いてみてよ！」っていうのも大事よ。みんなに知られてない曲でちゃんと数字も伸びた時って、めっちゃ気持ちいいよね。

あ　それは非常にある！

ウ　年に1、2回しかないんですけど、たまにありますよね。みんなが知らない曲を歌って、聴いた人にその曲のよさが伝わっていく。これって、僕たち歌い手が歌う意義の1つなんだよなって思います。

最後まで読んでいただきありがとうございます。

ウォルピスカーターです。

「自分の声をチカラにする」いかがでしたか？

最初は「なんでもいいから全人類ハイトーン出せ!!」みたいなタイトルと中身で読者をことごとく高音マシーンに仕立て上げるような本を作ってみたかったのですが、流石にダメだったので、エッセイらしく"自分の声"というテーマで書かせていただきました。


声や歌というものは誰にでも出来て、そして誰にでも出来ることではない。というのが僕の考えの根底であり、おそらく今後も変わることはないでしょう。声というものは当たり前に存在するけれど、実はとても大事なものなのです。

自分の声をチカラにする。これは歌だけではなく、日常会話やビジネスなど様々な場面で活かす事の出来るチカラです。

歌声、言い声、これらも結局"声"の延長線上にあるものです。歌が上手くならない。高い声が出るようにならない。そこで立ち止まらずに、ずっと手元にある"声"という存在から根気よく磨いてあげてください。そうすれば、きっと全てがあなたのチカラになってくれるはずです。

それでは、皆さんがハイトーン歌い手としてデビューする日を心よりお待ちしております。

なんでもいいから全人類ハイトーン出せ!!

ウォルピスカーター

ウォルピスカーター

WOLPIS CARTER

“高音出したい系男子”の異名を持ち、ハイトーンボイスを武器に多くのファンを魅了する人気歌い手。実直な“高音”へのこだわりを掲げる「ウォルピス社」社長でもある。ニコニコ動画やYouTubeで投稿した動画の累計再生回数は3億回を突破し、動画投稿だけではなく、これまでに4枚のアルバムをリリース。過去開催されたワンマンLIVEはすべてSOLD OUTするほどの人気を誇る。レギュラーでラジオパーソナリティーも務めるなど、多方面で活躍。

公式サイト
wolpiscarter.com

Twitter
@wolpis_kater

YouTube
「ウォルピス社」

STAFF LIST

マネジメント
サブカライズレコード
けーぽん

イラスト
南條沙歩［カバー、P206］
docco［P94-97、P138-143］
ウォルピスカーター［P12、P52、P98-99、P144］

デザイン
APRON（植草可純、前田歩来）

撮影
藤井大介［P188-203］

ヘアメイク
松本江里子（M's hair&make-up）［P188-203］

DTP
尾関由希子

校正
麦秋アートセンター

編集＆取材協力
山岸南美

編集
伊藤甲介（KADOKAWA）

自分《じぶん》の声《こえ》をチカラにする

2021年12月16日　初版発行

著　者　ウォルピスカーター
発行者　青柳 昌行
発　行　株式会社KADOKAWA
〒102-8177　東京都千代田区富士見2-13-3
電話　0570-002-301(ナビダイヤル)
印刷所　大日本印刷株式会社

●お問い合わせ
https://www.kadokawa.co.jp/（「お問い合わせ」へお進みください）
※内容によっては、お答えできない場合があります。
※サポートは日本国内のみとさせていただきます。
※Japanese text only

定価はカバーに表示してあります。

ISBN 978-4-04-605429-6　C0095